Agenor Miranda Rocha

Caminhos de Odu

Os Odus e Jogo de Búzios,
com seus caminhos, ebós, mitos e significados,
conforme ensinamentos
escritos por Agenor Miranda Rocha
em 1928 e por ele mesmo revistos em 1998

Organização e apresentação de
Reginaldo Prandi
(Professor Titular de Sociologia da Universidade de São Paulo)

Ilustrações de
Pedro Rafael

PALLAS

Rio de Janeiro
2024
4ª edição
5ª reimpressão

Copyright © 1998
by Agenor Miranda Rocha

Editor:
Cristina Warth

Coordenação Editorial
Heloisa Brown

Organizador:
Reginaldo Prandi

Concepção gráfica de capa e miolo:
Leonardo Carvalho

Revisão tipográfica:
Gisele Barreto Sampaio
Wendell S. Setúbal
Elisabete Muniz

Ilustrações:
Pedro Rafael

Editoração Eletrônica:
Brown&Brown

Todos os direitos reservados à Pallas Editora e Distribuidora Ltda.
É vedada a cópia total ou parcial do texto, seja por meio xerográfico, eletrônico, etc., sem a autorização prévia da editora.

Este livro foi composto na tipologia Beagle, corpo 11, entrelinha 25, e impresso em papel pólen natural 70 g/m² para o miolo e cartão supremo 250 g/m² para a capa, em fevereiro de 2024 na Gráfica Edelbra, em Erechim.

CIP-BRASIL. CATALOGAÇÃO-NA-FONTE.
SINDICATO NACIONAL DOS EDITORES DE LIVROS, RJ.

R571c Rocha, Agenor Miranda.
   Caminhos de Odu: os Odus do jogo de búzios, com seus caminhos, ebós, mitos e significados, conforme ensinamentos escritos por Agenor Miranda Rocha em 1928 e por ele mesmo revistos em 1998/organização de Reginaldo Prandi; [ilustrações de Pedro Rafael]. – Rio de Janeiro : Pallas, 1999.
   Inclui glossário e apêndice
   ISBN 978-85-347-0179-2
   1. Destino e fatalismo. 2. Jogo de búzios. 3. Candomblé – Ritos e cerimônias. I. Prandi, Reginaldo. II. Título.

98-1467   CDD – 299.67
                                             CDD – 299.6.3

Pallas Editora e Distribuidora Ltda.
Rua Frederico de Albuquerque, 56 – Higienópolis
CEP 21050-840 – Rio de Janeiro – RJ
Tel./fax: (021) 2270-0186
www.pallaseditora.com.br
pallas@pallaseditora.com.br

Caminhos de Odu

Sumário

Introdução / 5

Cronologia / 17

A consulta ao oráculo / 23

Os Odus / 29

  1: Ocanrã / 31

  2: Ejiocô / 41

  3: Etaogundá / 47

  4: Irossum / 57

  5: Oxé / 65

  6: Obará / 75

  7: Odi / 85

  8: Ejionilê / 97

  9: Ossá/ 107

  10: Ofum / 117

  11: Ouorim / 123

  12: Ejila-Xeborá / 133

  13: Ejiologbom / 145

  14: Icá / 161

Resumo dos significados dos Odus segundo o Iorubá / 171

O Padê/ 175

Poemas do Oluô/ 184

Glossário / 199

Introdução
Caderno do Oluô

Caminhos de Odu

Setenta anos transcorreram desde que, em 1928, o jovem filho de santo Agenor Miranda Rocha escreveu em um caderno, ao qual, mais tarde, deu o nome de *Caminhos de Odu*, os ensinamentos agora publicados em livro, os Odus do jogo de búzios. Escreveu tais ensinamentos para que eles não fossem esquecidos, para preservar um tesouro que recebera de sua mãe de santo. Como eram muitos os irmãos e irmãs de santo e outras pessoas queridas que precisavam desse saber difícil de memorizar, Agenor, durante várias gerações, copiou e deixou copiar seu caderno do jogo de búzios.

O Professor Agenor, como é conhecido pelo povo de santo, nasceu em Luanda, Angola, filho de pais portugueses, em 8 de setembro de 1907. Quatro anos depois, sua família mudou-se para Salvador, Bahia, onde, no dia 12 de setembro de 1912, aos cinco anos de idade, por motivos de saúde, em uma casa da Ladeira da Praça, foi iniciado no candomblé por Mãe Aninha, Ana Eugênia dos Santos, *Obá Bií*, nascida em 13 de julho de 1869, iniciada por Marcelina *Obá Tossi*, da Casa Branca do Engenho Velho, e Tio Joaquim (Joaquim Vieira da Silva), e fundadora dos terreiros Axé Opô Afonjá de Salvador e do Rio de Janeiro. Completou sua obrigação na lei do santo iniciando-se para Euá, seu segundo orixá, com Cipriano Abedé, no Rio de Janeiro, levado por sua mãe de santo, que viria a ser ialorixá da mulher de Abedé.

Quando jovem, Professor Agenor mudou-se para o Rio de Janeiro para estudar Medicina, vindo a se formar em Letras, tendo se tornado professor do Colégio Pedro II, onde lecionou por 46 anos. Por sua mãe Aninha era chamado Odoguiã; pelo povo de santo foi chamado sempre Professor Agenor. Os mais íntimos chamam-no de Santinho.

Filho de Oxalá, sempre ligado ao Axé Opô Afonjá, Agenor tem sido o responsável pela consulta oracular que regula a sucessão naquele terreiro, assim como na Casa Branca do Engenho, além de ocupar também cargo importante no terreiro do Gantois. Até hoje, Professor Agenor comparece à festa de Oxóssi celebrada nestas três casas, que são as casas fundadoras do candomblé de nação Ketu. Professor tem sido o oluô responsável pelos jogos de búzios que definem a sucessão na Casa Branca do Engenho Velho, desde sucessão de Mãe Massi, Maximiana Maria da Conceição, *Oinfunké*, em 1962, assim como a sucessão no Axé Apô Afonjá, desde a sucessão de Mãe Bada Olufandeí por Mãe Senhora em 1941. No Axé Opô Afonjá, seu jogo conduziu ao trono as ialorixás Mãe Senhora,

Mãe Ondina e a atual Mãe Stella *Odé Kaiodê*; na Casa Branca do Engenho Velho, Mãe *Okê*, Mãe Marleta e a atual ialorixá Mãe Tatá. Seus jogos de sucessão têm sido eventos memoráveis, que o povo de santo não se cansa de lembrar.

Em quase um século de vida, Professor Agenor conviveu com as mais importantes personalidades do candomblé, como Pai Cipriano Abedé (falecido em 1933), que o Iniciou para Euá, em 12 de setembro de 1928, e com quem aprendeu os segredos das folhas, tornando-se *Olossaim*, como o babalaô Martiniano Eliseu do Bonfim (1859-1943), considerado o último babalaô do Brasil, com quem Agenor aperfeiçoou-se no oráculo de Ifá, assim como Felizberto Sowzer, Benzinho, e também Mãe Menininha do Gantois Escolástica Maria de Nazaré (1894-1986), de quem foi amigo pessoal e oluô. Mas foi com sua própria mãe de santo que aprendeu o jogo de búzios, cujo corpo oracular, constituído dos Odus, cada um com seus caminhos, ebós, mitos e significados, transcreveu no caderno de 1928.

Muitas cópias desse caderno foram feitas e presenteadas a sacerdotes e sacerdotisas que recorrem ao Professor Agenor para o jogo de búzios, tanto para jogar com ele, quanto para aprender com ele. Uma das cópias foi dada a Mãe Agripina Soares de Souza (1890-1966), irmã de santo de Agenor e sucessora de Mãe Aninha no Axé Opô Afonjá do Rio de Janeiro. Contou-me Professor Agenor, em janeiro de 1998, que Agripina não desejava ser mãe de santo, tendo se iniciado no candomblé, em 1910, a contragosto, só aceitando o cargo de mãe de santo por causa de muitas pressões. Professor Agenor lembra-se com muitos pormenores que, em 1935, no Rio de Janeiro, antes de voltar para Salvador pela última vez, Mãe Aninha encarregou sua filha de santo Agripina de zelar pelo Axé Opô Afonjá do Rio de Janeiro, tendo nomeado dois outros filhos para ajudarem Agripina: Paulina de Oxum, que era mulher de Abedé e que havia sido iniciada por Pai Ogundeí e, depois da morte deste, adotada por Aninha, de quem recebeu o grau de senioridade, e Agenor. Mãe Aninha encarregou Paulina do jogo de búzios, mas ela, descontente com a indicação de Agripina para o cargo de mãe de santo, afastou-se da casa, preferindo ficar cuidando da casa de santo de Abedé, que dirigiu até falecer, em 1949. Agenor, contudo, permaneceu sempre ao lado de Mãe Agripina e, depois, de sua sucessora, Mãe Cantu, Cantulina Garcia Pacheco, até esta voltar para Salvador, em 1989. Assim, iniciou-se a carreira de oluô de Agenor Miranda Rocha. Foi naquela oportunidade que ele deu a Agripina uma cópia do caderno dos Odus, pois "ela não sabia jogar búzios e passava a ter grandes responsabilidades à frente do Axé. Mas Agripina nunca aprendeu a jogar, pois dizia que não tinha paciência com aqueles Odus todos, de modo que eu jogava para ela" — explicou-me o Professor.

Nos anos 50, Mãe Senhora, Maria Bibiana do Espírito Santo, *Oxum Muiwá*, irmã de santo de Agripina e de Agenor, já então a terceira mãe de santo do Axé Opô Afonjá de Salvador, emprestou a Pierre Fatumbi Verger uma cópia do caderno que lhe fora presenteada por Agripina, caderno cuja autoria Verger acreditou, erroneamente, ser de Mãe Agripina. Cerca de trinta anos depois, na África, o texto oracular brasileiro foi publicado em edição bilíngüe em inglês e português por Willfried F. Feuser e José Mariano Carneiro da Cunha, no livro *Dílógún: Brazilian Tales of Yorùbá Divination Discovered in Bahia by Pierre Verger* (Lagos, Centre for Black and African Arts and Civilization, 1982), como sendo de autoria de Mãe Agripina de Souza, sem qualquer referência a Agenor Miranda Rocha. No Brasil, um artigo de Willfried F. Feuser, intitulado "Dílogun: Brazilian Tales of Yorubá Divination", foi publicado na revista paulista *Dédalo*

(1984, nº 23, págs.117-126), contendo um pequeno extrato do texto oracular. O livro permaneceu praticamente Inédito no Brasil, tendo Verger recebido dois exemplares, um dos quais está hoje no acervo da Fundação Pierre Verger, em Salvador.

      O texto de Agenor, com o nome de *Caminhos de Odu*, contendo local e data da redação, mas sem o nome do autor, manuscrito, datilografado, xerocopiado etc., circulou apócrifo por muito tempo entre sacerdotes e estudiosos do candomblé, tendo sido a principal fonte escrita de inúmeros mitos divulgados por Júlio Braga no livro *Contos afro-brasileiros* (Salvador, Fundação Cultural do Estado da Bahia, 1980), além de outros ao longo de muitos anos e muitas obras, como os livros de contos de Mestre Didi, Deoscóredes Maximiliano dos Santos: *Contos negros da Bahia* (1961), *Contos de nagô* (1963), *Contos crioulos da Bahia* (1976) e *Contos de Mestre Didi* (1981). Embora Júlio Braga e Mestre Didi tenham usado, ao que tudo indica, a mesma versão que deu origem ao livro de Feuser e Carneiro da Cunha, ambos publicaram somente os mitos, deixando de lado os nomes dos Odus dos quais eles fazem parte, assim como os ebós e as interpretações do oráculo. Para a edição africana, Verger fez uma apresentação do texto, em que demonstra ter muito pouca informação sobre sua origem, nem mesmo podendo precisar se a data do manuscrito era 1928 ou 1948, incapaz de decifrar o número no manuscrito e de situar a própria autoria, pois, embora conhecesse bem os fatos do período ligados à história do candomblé na Bahia, pouco sabia do que se passava no Rio de Janeiro.

O nome do Professor Agenor nunca apareceu nesses escritos. Com o tempo e as sucessivas cópias, inúmeros erros foram introduzidos no texto, passagens foram truncadas, palavras, esquecidas. As próprias regras ortográficas da língua portuguesa mudaram mais de uma vez no período, de modo que as versões foram se tornando muito prejudicadas, cada copista "atualizando" a gramática a seu modo e segundo sua escolaridade.

Em 1997, o Professor Agenor presenteou-me com uma cópia de seu *Caminhos de Odu*, escrito quase setenta anos antes. A ideia de publicá-lo foi imediata e o Professor não somente, concordou, como prontificou-se imediatamente em participar do trabalho de edição de sua obra. Trabalhando com diferentes versões, procurei recompor o texto original tanto quanto possível, restaurando frases e palavras deturpadas, corrigindo a pontuação e atualizando a grafia. A linguagem, o estilo e o conteúdo foram, contudo, rigorosamente preservados. Em fevereiro de 1998, quando Professor Agenor veio a São Paulo para as obrigações de Yemanjá no terreiro Ilê Axé Yemojá Orukoré Ogun, de seu filho de santo Armando Vallado, *Akintundê*, apresentei-lhe o texto editado. De volta ao Rio de Janeiro, o Professor, setenta anos depois, reviu o texto palavra por palavra. Até que, com outras visitas minhas ao Rio, demos o trabalho por encerrado.

Durante a preparação do texto, Professor Agenor familiarizou-me com seu arquivo pessoal. Tantos eram os documentos, papéis e anotações de valor etnográfico, religioso e literário, que decidimos acrescentar ao presente volume alguns deles, que, acredito, devem enriquecer esta edição. Por meio de seus poemas recentes aqui também apresentados, pode o leitor aproximar-se da intimidade e da sensibilidade deste que é o decano das religiões africanas no Brasil.

O texto *Caminhos de Odu* ora publicado reproduz fielmente o manuscrito original, com sua linguagem simples e saborosa. Disse-me Professor Agenor que ele escrevia "da maneira como o antigo nagô falava". Cada Odu compõe-se de vários caminhos. Cada caminho divide-se em três partes: 1) ebó, 2) mito e 3) interpretação do oráculo. É interessante que a lista dos ingredientes para a oferenda sempre é concluída com um "etc.". Disse o Professor que cabe ao olhador complementar a receita, juntando alguma pequena coisa adicional que possa ser necessária em função da ocasião, da gravidade do problema, das condições da pessoa para quem se joga e assim por diante. Disse ele: "A mãe ou pai de santo está com os búzios na mão, então joga e pergunta se é o caso de pôr mais alguma coisa. O olhador tem de ter sabedoria para desvendar o Odu completamente, porque nenhuma receita geral é assim completa. Cada caso é um caso." Em dois dos caminhos, a receita do ebó diz simplesmente: "Tudo o que for necessário e indispensável para tal fim", num perfeito desafio ao olhador.

Especialmente para o leitor pouco acostumado à linguagem do candomblé, preparei um pequeno glossário com palavras de origem iorubá que aparecem em itálico ao longo do texto, sobretudo nas listas de ingredientes dos ebós, palavras que até os dias de hoje são de uso corrente nos candomblés de nações nagô.

Devo a oportunidade de ter trabalhado nesta edição, que me honra e envaidece, a algumas pessoas, a quem quero agradecer. A Dra. Teresinha Bernardo, professora de Antropologia da PUC de

Agenor Miranda Rocha

São Paulo, colega de pesquisa e amiga de todas as horas, foi de grande ajuda nos contatos com Professor Agenor. Armando Vallado, *Akintundê*, cujo treinamento acadêmico na pesquisa dos temas afro-brasileiros, aliado à sua experiência sacerdotal de babalorixá, foi de grande valia na preparação dos originais. Muito desfrutei de sua companhia amiga em todas essas idas ao Rio de Janeiro à casa de seu pai, o Professor Agenor, companhia que também tive de Mãe Antonietta *Babamin* Alves, ialorixá no Rio de Janeiro e também filha de santo do Professor. A Dra. Angela Lühning, diretora de projetos da Fundação Pierre Verger, em Salvador, franqueou-me o acervo de sua Instituição. Susanna Bárbara ajudou-me na verificação de datas e nomes. Mas nada seria possível sem a confiança e a amizade do Professor, que espero ter feito por merecer. A todos, muito obrigado.

Reginaldo Prandi

(USP, 14 de maio de 1998)

Cronologia

1869 – Nasce, em Salvador, Ana Eugênia dos Santos, iniciada ainda criança para Ia lá Grimborá, divindade da nação grunci, de seus pais africanos.

1884 - Aninha é iniciada para Xangô Agodô, tendo como mãe Marcelina Silva *Obá Tossi*, sucessora de Iyá Nassô na Casa Branca do Engenho Velho, com a participação de Bamboxê Obitikô (Rodolfo Martins de Andrade), africano trazido da África por Marcelina para ajudá-la no sacerdócio dos orixás.

1895 - Morte de Marcelina Obá Tossi. Aninha, com Tio Joaquim, afasta-se da Casa Branca, não concordando com a sucessão por Maria Júlia Figueiredo. Aninha é iniciada por Tio Joaquim para Xangô Afonjá, com quem passa a liderar várias iniciativas de caráter religioso. Mãe Aninha vem ao Rio de Janeiro com Bamboxê Obitikô e Tio Joaquim Obá Saniá, com os quais funda uma casa de santo no bairro da Saúde.

1907 - Nasce em Luanda, Angola, Agenor Miranda Rocha, filho dos portugueses Zulmira Miranda Rocha e Antônio Rocha.

1910 - Mãe Aninha instala o Axé Opô Afonjá, no bairro de São Gonçalo do Retiro, em Salvador. Inicia Agripina de Souza *Obá Deí* (nascida em 1890), sua futura sucessora no terreiro do Rio de Janeiro.

Agenor Miranda Rocha

1912 - Mãe Aninha inicia o menino Agenor Miranda Rocha, na Ladeira da Praça, em Salvador.

1925 - Mãe Aninha volta ao Rio de Janeiro e, em Santo Cristo, inicia sua primeira filha de santo no estado, Conceição de Omolu.

1926 - Agenor muda-se para o Rio de Janeiro para estudar.

1928 - Agenor transcreve em um caderno suas anotações sobre os Odus do jogo de búzios, com seus ebós, caminhos, mitos e interpretações, conforme os ensinamentos ditados por Mãe Aninha. O manuscrito mais tarde terá o título de *Caminhos de Odu*. Agenor é iniciado para Euá por Abedé, no Rio de Janeiro, encaminhado por Mãe Aninha.

1930 - Aninha vem mais uma vez ao Rio de Janeiro, onde permanece até 1935; Agenor é aprovado em concurso para o cargo de professor catedrático de língua portuguesa do Colégio Pedro II.

1933 - Morre Cipriano Abedé, que iniciou Agenor para Euá e o preparou como *Olossaim*. Agenor recebe cargo no Gantois, sendo confirmado por Menininha.

1935 - Mãe Aninha volta para Salvador, encarregando Agripina de zelar pelo Axé Opô Afonjá do Rio de Janeiro, com o auxílio de Paula de Oxum e Agenor.

Caminhos de Odu

1938 - Morre Mãe Aninha, No Axé Opô Afonjá da Bahia é substituída por Bada Olufandeí, Maria da Purificação Lopes. No Axé Opô Afonjá do Rio de Janeiro é substituída por Agripina de Souza.

1943 - Morre o babalaô Martiniano Eliseu do Bonfim, muito ligado a Mãe Aninha e com quem Agenor aprendeu muito da arte de Ifá.

1941 - Morre Mãe Bada, assume o posto de ialorixá do Axé Opô Afonjá, no Rio de Janeiro, Mãe Senhora Oxum Muiwá, Maria Bibiana do Espírito Santo, conforme jogo de búzios realizado pelo Professor Agenor.

1944 - Mãe Agripina transfere o Opô Afonjá do Rio para Coelho da Rocha, onde se encontra até hoje.

1945 - Agenor é confirmado no cargo de balogun na Casa Branca do Engenho Velho (cargo anteriormente ocupado por Abedé) por Tia Massi, Maximiana Maria da Conceição.

1962 - Morre Tia Massi, ialorixá da Casa Branca do Engenho Velho. Agenor preside o jogo da sucessão que indica Maria Deolinda, *Okê*, para mãe de santo. Presentes Mãe Menininha, ialorixá do Gantois, e Pai Nezinho de Ogum, Manoel Cerqueira do Amorim, do terreiro do Portão da Muritiba.

1966 - Morre Mãe Agripina, em Brasília, sucedida por Cantulina Garcia Pacheco *Airá Tolá*, Mãe Cantu (nascida em 1900, neta carnal de Tio

Joaquim Vieira). Agenor confirma no jogo o desejo de Xangô para que Cantulina assuma o posto.

1967 - Morre Mãe Senhora, sucedida por Mãezinha Iwintonã, Ondina Valério Pimentel, à frente do Axé Opô Afonjá da Bahia. O jogo da sucessão é realizado pelo Professor Agenor.

1968 - Morre Maria Deolinda de Oxalufã, *Okê*, mãe de santo da Casa Branca do Engenho Velho, sucedida, por indicação do jogo de Agenor, por Mãe Marieta de Oxum.

1976 - Morre Mãe Ondina, sucedida por Mãe Stella Odé Kaiodê, Maria Stella de Azevedo Santos, conforme determinou o jogo de búzios do Professor Agenor.

1986 - Morre Mãe Marieta de Oxum, ialorixá da Casa Branca do Engenho Velho, sucedida por Altamira dos Santos, Mãe Tatá, indicada pelo jogo do Professor Agenor.

1989 - Mãe Cantulina retorna a Salvador, ficando Regina Lúcia de Iemanjá, filha de santo de Cantulina e de Professor Agenor, como mãe *pro tempore* do Opô Afonjá de Coelho da Rocha.

1994 - É publicado o livro *Os candomblés antigos do Rio de Janeiro. A nação Ketu: origens, ritos e crenças*, de Agenor Miranda Rocha (Rio de Janeiro, Topbooks).

1996 - É publicado o livro *Um vento sagrado: história de vida de um adivinho da tradição nagô-kêtu brasileira*, de Muniz Sodré e Luís Filipe de Lima (Rio de Janeiro, Mauad), sobre vida e obra de Professor Agenor.

1997 - Agenor completa 90 anos, recebendo homenagens em várias partes do Brasil. Em São Paulo, é homenageado pelo povo de santo, em cerimônia realizada na Pontifícia Universidade Católica de São Paulo, em 20 de outubro.

1998 - É publicado o livro *Pai Agenor*, de Diógenes Rebouças Filho (Salvador, Corrupio).

É publicado o livro *Oferenda*, de Agenor Miranda Rocha (Rio de Janeiro, Sette Letras), no evento de comemoração de seu 91º primeiro aniversário.

Morre Mãe Cleuza Millet, filha carnal e sucessora de Mãe Menininha à frente do Gantois. Professor Agenor vai a Salvador fazer o jogo de sucessão e indica Mônica Millet, filha carnal de Mãe Cleuza para o interregno de um ano.

1999 - É publicado *Caminhos de Odu*, de Pai Agenor.

2004 - No dia 17 de julho, em Niterói, RJ, morre Agenor Miranda Rocha, aos 96 anos de idade. Seu corpo foi velado no Palácio Capanema, antiga sede do Ministério da Educação no Rio de Janeiro, e cremado no cemitério do Caju.

A Consulta ao Oráculo

Caminhos de Odu

O destino das pessoas e tudo o que existe podem ser desvendados por meio da consulta a Ifá, o oráculo, que se manifesta pelo jogo. Ifá tem seu culto específico e o mais alto cargo do culto de Ifá é o de oluô, título concedido a alguns babalaôs. Ifá é o orixá da adivinhação e para tudo ele deve ser consultado. Existem dois tipos de jogo: o do *opelé-Ifá* e o jogo de búzios.

No jogo de búzios, mais comum quem fala é Exu. São dezesseis búzios que podem ser jogados também pelos babalorixás e ialorixás. A consulta a Ifá é uma atividade exclusivamente masculina, mas as mulheres passaram a poder pegar nos búzios porque Oxum fez um trato com Exu, conseguindo dele permissão para jogar. Tanto o jogo de búzios como o do *opelé-Ifá* baseiam-se num sistema matemático, em que se estabelecem 256 combinações resultantes da multiplicação dos 16 Odus usados no jogo de búzios por 16. Nada se faz sem que antes se consulte o oráculo. Quanto mais séria a questão a ser resolvida, maior a responsabilidade da pessoa que faz o jogo.

As obrigações do Odu, ou ano ritual, são muito importantes para uma casa. É dali que cada pessoa e a própria casa retiram a força necessária para continuar existindo. As oferendas representam uma troca constante de axé. Muitos detalhes precisam ser pensados para que os preceitos sejam cumpridos à risca. Por isso, antes do início do Odu, é indispensável que se faça um jogo para saber exatamente como devem ser realizadas as obrigações.

No Brasil, o ano ritual varia muito de uma casa para outra, mas em todas elas as obrigações começam com as "Águas de Oxalá". Como nem sempre essa obrigação é feita no início do ano, é necessário que se faça anualmente o jogo para saber qual o Odu que irá reger o ano. A partir do conhecimento do Odu, o oluô prescreve os ebós necessários às pessoas para que elas atravessem com sucesso o ano novo que se inicia. A partir do conhecimento dos Orixás que regem o ano, outros jogos são feitos para estabelecer as obrigações que a casa deve cumprir durante aquele ano: fica-se, então, sabendo como deverão ser homenageados os orixás, o que lhes será oferecido, quando etc.

Além dos jogos feitos para a casa como um todo, são feitos também jogos individuais que indicam feituras, boris e toda a sorte de obrigações Individuais que devem ser feitas para os filhos da casa. Uma vez estabelecido o calendário do ano, têm início as obrigações. As obrigações do Dum são compostas por momentos bem definidos.

Caminhos de Odu

A primeira parte de todas as obrigações se constitui de ritos preliminares, em que as pessoas e a casa são preparadas para a realização daquela obrigação. Antes do início de qualquer obrigação, todos os membros do *egbé* presentes tomam banhos com ervas adequadas à obrigação que irá se iniciar. O banho prepara o corpo. Sem tomar banho não se pode participar de nada. Esse é um dos muitos exemplos da importância de Ossaim, o dono das folhas. Sem folha nada se faz.

A partir de então, tem início a obrigação propriamente dita, que se compõe de cinco partes: a matança, o *padê*, o *ianlê*, a festa e a entrega do carrego, tudo de acordo com o jogo feito para o Odu, assim como pelo jogo feito antes da realização de cada obrigação e mesmo para cada etapa de uma mesma obrigação.

Professor Agenor Miranda da Rocha

(Texto publicado em Os candomblés antigos do Rio de Janeiro.)

Os Odus

1º - Ocanrã

2º - Ejiocô

3º - Etaogundá

4º - Irossum

5º - Oxé

6º - Obará

7º - Odi

8º - Ejionilê

9º - Ossá

10º - Ofum

11º - Ouorim

12º - Ejila-Xeborá

13º - Ejiologbom

14º - Icá

15º e 16º - quase não se apuram.

É de notar que estes Odus são compreendidos como analogias históricas, em ordem e formas preceituais. Como diz o iorubá, só se pode justificar um fato com uma história analógica.

Ocanrã

1º Ocanrã

Ebó: sete varetas, acarajés, preá etc.

Na antiga época, o galo era um dos maiores olhadores (oluôs) e sua fama corria muito longe. Foi então que o chefe de um povoado mandou convidar o galo para fazer-lhe uma consulta sobre a grande seca que assolava aquela terra.

Feito o ebó acima exposto, lá foi o galo. Ao chegar na grande porta de entrada do povoado, o porteiro advertiu-o de que não podia entrar sem declarar a sua procedência. Com isto, inflamou-se o galo que, tirando a arma da capanga, provocou um grande derramamento de sangue.

Então, o homem rogou-lhe pragas de uma forma tal que em poucos minutos o Sol transformou-se em tempestade, roncou muita trovoada; enfim, um horror, nesse ínterim, seguiu o galo direto para a casa do chefe do lugar. Chegando lá, o chefe disse:

— Só com tua presença, que, presumo, seja de grande poder, vai chover abundantemente. Sim, senhor! — exclamou o chefe do povoado, e continuou: — Manda o servo dar-lhe um aposento no fundo da casa, pois serás recebido com grande admiração e louvores.

Para quem se aplica, esse jogo diz que a pessoa se acha diante de um perigo iminente, sem trégua, mas que, com muita coragem e disposição, será o vitorioso.

2º Ocanrã

Ebó: três galos, cuia, chocalho de qualquer forma.

Odu Ocanrã queria tudo ter; porém, nada conseguia. Feito o ebó suprarreferido, imaginou uma forma para alcançar tal fim. Teve a ideia de dar um bode à Morte para criar com ela de meia, de modo que o produto de todas as crias do bode fosse dividido entre eles dois.

Passado certo tempo, chega a Morte, a dona do bode. Queria o produto do bode, toda a sua cria. Queria para si toda a descendência do bode, exigindo, para surpresa de todos, uma soma incalculável como indenização por muitos bodes e cabritos que, porventura, teriam sido produzidos nesse tempo todo.

Esse Odu prevê o uso de meios que, usados com muita sagacidade e firme esperteza, levará a um importante ganho em pouco tempo.

3º Ocanrã

Ebó: bode, galos, uma talha amarrada com contas ao derredor, com búzios etc.

Para obter uma grande fortuna, mandaram Exu fazer um ebó com os objetos mencionados. Feito tudo conforme o indicado, seguiu Exu para a cidade de Ijebu.

Lá chegando, foi hospedar-se na casa de uma pessoa importante. O costume do lugar era o de que qualquer pessoa vinda de fora se hospedasse no palácio do chefe da comunidade, mas aqui sucedeu diferente. Em vez do palácio, Exu hospedou-se na casa de um importante mercador do lugar.

Estando hospedado no domicílio referido, altas horas da noite, Exu levantou-se bem devagar, foi ao quintal como quem quisesse urinar e, de volta, riscou um fósforo nas palhas do telhado da casa, provocando um grande incêndio, que consumiu a casa toda.

Então, Exu, fazendo-se de inocente, pôs-se a gritar por socorro, para que lhe acudissem, pois, dizia, tinha perdido tudo, toda a sua grande fortuna, que estava guardada numa talha dentro da casa incendiada. De fato, ele tinha feito a entrega dos seus haveres ao dono da casa, que os guardou ali, na presença de muitas pessoas do local.

Com todo esse alarido, as coisas tomaram um vulto tal a ponto de chegarem aos ouvidos do rei daquela cidade, que, sem perda de tempo, transpôs-se ao lugar do sinistro fantástico. Todos os moradores da vizinhança testemunharam perante o rei que de fato eram de incalculável valor os objetos que Exu trouxera para aquele território.

Então, o rei, sem perda de tempo, mandou que se pagasse uma indenização a ele. Mas como em toda a cidade não havia dinheiro suficiente para pagar a indenização, propôs que Exu ficasse, doravante, sendo o rei da cidade, pois não sabia como harmonizar as coisas de maneira diferente.

Daquela data em diante, ficou Exu sendo o chefe da cidade de Ijebu e todos os habitantes tornaram-se seus servos.

Para quem se faz esta consulta, pode-se garantir uma fortuna instantânea. Apesar das dificuldades, o resultado será sempre bem-sucedido.

Caminhos de Odu

4º Ocanrã

Ebó: uma quartinha de vinho de palma, ajá assado, inhame, muito mariô etc.

Era um pobre peregrino que vivia migrando. Permanecia em diversos lugares, mas, depois de fazer as plantações, o mandavam embora, ficando os donos das terras com tudo o que ele tinha feito.

Por conselho de alguém, esse homem um dia foi à casa de um oluô, que lhe indicou o ebó acima referido. Tendo tudo preparado, partiu o homem para a grande mata fronteiriça e, lá chegando, deu início ao serviço.

Mais tarde, ouvindo um barulho naquele lugar tão impenetrável, assustou-se. Era Ogum, o dono dessa mata misteriosa. Chegando perto, ficou Ogum espreitando o estranho, até que este, muito amedrontado, implorou misericórdia, perguntando a Ogum se queria se servir de alguma coisa servida no ebó. Que falasse sem cerimônia, pois estava tudo à sua disposição.

Ogum aceitou tudo o que havia ali e ficou satisfeito. Perguntou, então, quem era tão perverso a ponto de mandar o peregrino para aquela paisagem impenetrável. O homem contou todos os percalços de sua vida.

Então, Ogum, transfigurado, aterrorizante, bradou que ele pegasse o mariô e fosse marcar as casas dos seus amigos, pois ele, Ogum, iria àquela cidade à noite destruir tudo o que lá se achasse. Iria arrasar todos os haveres lá existentes, até o solo. Dito e feito, Ogum acabou com tudo, exceto as casas e os lugares que tinham sido demarcados pelo homem com a colocação de mariô em cima das portas. Tudo o que havia de riqueza ali Ogum deu para ele, tudo mesmo, conforme tinha prometido.

Este quadro de Odu, vindo neste caminho, diz que a pessoa vem sofrendo muita perseguição, por causa de inveja e outras maldades humanas. Porém a pessoa pode ter certeza de sair-se vitoriosa no final.

5º Ocanrã

Ebó: fósforo, pólvora, archotes e outros inflamáveis, galo-carreiro e tantas pedrinhas quanto necessário.

Dizem que Xangô e Iansã juntos fizeram o ebó exposto, a fim de tornarem-se fortes, poderosos e respeitados em tudo. Feito o indicado, quando o marido falava, saía fogo de sua boca e da boca de sua mulher também. Assim, até hoje, quando Xangô e Iansã chegam, sai fogo da boca de ambos.

Caminhos de Odu

Este quadro de Odu, neste sentido, prediz resultados miraculosos, quando se faz corretamente o ebó. Tendo em vista um fim almejado, o resumo diz que resultado prodigioso se terá.

Ejiocô

1º Ejiocô

Ebó: dois preás, comidas cozidas da casa etc.

Era um bando de macacos que mandaram, todos juntos, fazer o ebó acima citado, para se verem livres de sustos e correrias, pois viviam constantemente escorraçados de um lado para outro.

Feitos os requisitos ditos, ficou o bando livre de constrangimentos e outros desassossegos.

Feito esse serviço, a pessoa ficará livre de aflições. Os dois mabassos, os gêmeos Ibeji, irão defender e proteger a pessoa.

2º Ejiocô

Ebó: dois pombos (de preferência que tenham sido caçados), laços de fitas, ori, igbim etc.

Havia um casal que vivia em constante desarmonia, até o ponto de não poderem conviver mais em hipótese alguma.

Foi feito tudo conforme anteriormente descrito e houve, então, um entendimento, uma reconciliação, possibilitando uma nova colaboração para a paz e o sossego no lar.

Aplica-se este caminho de Odu a pessoas que convivem em desarmonia no lar. Assim, fazendo-se o despacho designado com cautela e bastante precaução, voltará a reinar a paz entre os contendores.

3º Ejiocô

Ebó: etu, pregos, bandeira da paz etc.

Havia diversos príncipes na terra de Egbá, entre eles, Owo-Hunko, que foi quem fez os despachos designados pela regra dos preceitos.

No passado, durante uma grande guerra, o chefe de cada tribo foi refugiar-se em Abeocutá, a única cidade que estava livre dos inimigos. Aquele que salvou a cabeça de todos os foragidos reunidos em Abeocutá foi justamente o que tinha feito o ebó. Ele foi aclamado rei Alake e é o rei até hoje.

É o dizer deste quadro de Odu: quem estiver numa disputa por poder ou hierarquia é de bom alvitre que faça o que acima determina a regra. E pode ficar descansado que tudo irá bem, terá o que deseja e, a partir de então, gozará de prosperidade na vida.

4º Ejiocô

Ebó: galinhas, muitos orobôs, avental, enxada já usada etc.

Dizem as histórias que havia diversos príncipes que disputavam o poder. Também havia outros fidalgos oriundos de diversas cidades. Entre estes, havia Tela-OKô, que era desprovido de todos os meios de subsistência.

E lá um dia, enquanto roçava, bem no lugar onde havia colocado o ebó que ele tinha feito conforme a maneira decretada, Tela-Okô bateu com a enxada num forno enorme, que se abriu, causando-lhe grande espanto. Chamou os companheiros que estavam mais afastados, dizendo que tinha afundado no buraco da riqueza.

Mas, em seguida, tendo ele reconhecido ser deveras um verdadeiro tesouro da fortuna o que encontrara, mudou repentinamente, dizendo que o que tinha encontrado era apenas um buraco cheio de orobôs, e que estes eram tão alvos que parecia tratar-se de moedas.

Este quadro de Odu anuncia que, fazendo-se esse despacho, com todos os requisitos, e sendo o despacho aceito, a pessoa pode ter a esperança de que, em pouco tempo, infalivelmente, terá grande prosperidade.

Etaogundá

1º Etaogundá

Ebó: igbim, preá, pombos etc.

Havia um homem chamado Ologbim, que era um grande cientista daquela época. Quase todos do lugar referiam-se a ele como sendo um prodígio.

Um dia mandaram que ele fizesse o ebó supramencionado, se não quisesse que a morte o levasse em pouco tempo. Mesmo sendo um sábio, seguiu o conselho e fez tudo o que lhe determinaram. Chegando o dia previsto, veio a águia da morte em voo para levar Ologbim. O pássaro veio num voo rasante para pegá-lo, mas só conseguiu agarrar o igbim que ele carregava consigo preso ao boné que tinha na cabeça.

Este caminho do jogo quer dizer que a morte está prestes a se apossar da pessoa e que, para evitar qualquer surpresa, é de bom alvitre fazer despacho e, por certo espaço de tempo, acautelar-se o melhor possível, sem qualquer distração.

2º Etaogundá

Ebó: galos, obis, preás etc.

Houve um homem que tinha três discípulos e que se achava muito doente. Chamou, então, os seus discípulos, orientando-os para irem a todos os cantos do mundo procurar pessoas competentes que pudessem tratá-lo daquela enfermidade tão grave.

Qual não foi sua surpresa ao saber, logo depois, que todos eles haviam abandonado a missão tão melindrosa. Porém, ele já tinha feito tudo o que fora designado no ebó, e Exu, que tinha recebido o ebó, veio em seu auxílio, dizendo:

— Levante-se e siga comigo, que eu o apoio até chegarmos aos pés de quem possa salvá-lo nesta emergência.

Assim Exu o levou até Orumilá, que curou o fiel devoto de Exu, que não o desprezou no momento mais difícil da sua vida.

O jogo vindo neste caminho prediz que é preciso ter muita precaução com pessoas afeiçoadas e íntimas por amizade, pois todas as reservas devem ser poucas, para não ter depois de passar por dissabores.

3º Etaogundá

Ebó: etu, pólvora, muito dinheiro, bandeira branca etc.

Diz-se que Onirê era um homem laborioso, que fazia muito para ter e viver honestamente do suor do seu rosto, sempre perseguido pelos seus rivais, em todas as partes em que chegava. Finalmente, advertido por conselho de pessoa que se interessava pela sua prosperidade, foi procurar a casa de alguém entendido na matéria.

Como resultado da consulta, foi mandado que fizesse o ebó acima, a fim de que os seus desejos fossem vitoriosos sobre todas as dificuldades que lhe embaraçavam a vida. Feito isso, Onirê tornou-se o homem mais poderoso daqueles tempos naquela paragem de Irê.

Para quem se deitar esta mesa, vinda neste caminho, pode-se descrever o dito de que, apesar de todas as perseguições e dificuldades, e de todas as dificuldades resultantes da inveja alheia, deve ter muita resignação, pois vencerá todas as tribulações e tudo o mais.

4º Etaogundá

Ebó: galinhas, bebidas, búzios, espelhos.

Contam as histórias que era um homem por nome Sepeteri (que quer dizer Abundante), cuja fama prodigiosa corria por todo o lugar. Um dia o rei n'Ajase mandou chamá-lo para com ele fazer uma consulta, pois havia grandes dificuldades no reino e o rei desejava ter de novo tudo devidamente em ordem.

Chegando Sepeteri à presença de n'Ajase, foi dizendo que todos daquela terra tivessem esperança, pois que havia de aparecer a fortuna, proveniente do progresso que ia chegar. Deu nove dias para acontecer tal fato miraculoso.

Feito tudo, os jejes foram todos os dias às portas do homem, contando os dias que faltavam para o acontecimento previsto. Conforme ia decorrendo o tempo para completar os nove dias, o pessoal acercava-se da casa do adivinho e ficava a espiar, para ver se ele não ia fugir com todos os objetos que eles lhe tinham dado para fazer o ebó e demais presentes feitos pelos suplicantes como agrado, a fim de ele se interessar melhor pela sorte deles.

Sepeteri, temendo o pior, mandou sua mulher retirar-se para a cidade de onde tinham vindo e, como se já não estivesse diante de situação tão difícil, tomou tudo o que havia ganho e distribuiu entre famílias do lugar, pois a ele bastava pouca coisa.

Pouco tempo depois, quando eram nove horas em ponto do dia marcado, as pessoas que estavam à beira da praia viram uma nuvem branca no mar. Era o sinal de que alguma embarcação se aproximava. De fato, foi o que aconteceu. Era uma embarcação que ia à África pela primeira vez, trazendo homens brancos que davam início ao comércio com outros continentes do globo, trazendo prosperidade ao povo jeje.

Nesse momento, todos os jejes deram um grande viva. Com sinais de alegria profunda, voltaram-se todos e deram os parabéns a Sepeteri, que já se julgava morto diante da atitude de sua clientela.

É de ver-se que esta peça oratória de Odu é tão deliciosa que não comporta maior análise para definir claramente as observações que preceitua, a fim de demonstrar a conjuntura de coisas que encerra. O certo é dizer para quem se deita este jogo, vindo neste caminho, que tenha calma, paciência extrema e disposição inabalável, enfim, e, com pouco tempo, surgirão melhoras súbitas de uma forma admirável.

5º Etaogundá

Ebó: dois pombos, uma corda, igbim.

Dizem ter existido um senhor que, depois de ter estado muito bem, ficara num estado tão precário que, devido à extrema miséria em que se achava, viu-se forçado a procurar todos os meios para não pôr termo à própria existência.

Mas, tendo feito o que lhe determinaram fazer e tendo esperado a melhoria das suas coisas da vida sem ter algum resultado benéfico, foi-se para o mato com uma corda, a fim de se enforcar.

Foi quando, de súbito, viu um pobre leproso que estava pelejando para botar a água de um igbim na cabeça. O homem que estava prestes a cometer a ação de suicidar-se, com grande admiração e louvor, levantou as mãos para o céu, agradecendo a Deus. Ele, que se julgava muito melhor do que aquele indigente leproso em semelhante estado de saúde, voltou para casa bastante satisfeito e confortado com o que vira.

Em pouco tempo, foi chamado para ocupar o trono de seu pai, que falecera. Nessa ocasião, não se esqueceu daquele leproso que estava ali abandonado. Assim que foi levado ao trono, mandou buscar o seu companheiro de infortúnio naquele mau dia. Assim, ficaram ambos bem.

Para quem sai este jogo, dir-se-á que, tendo a paciência necessária, é possível que em pouco tempo tenha melhorado de suas condições precárias, e não haverá mais de sentir falta do mais necessário para a manutenção da vida. Apesar deste caminho anunciar uma situação de penúria, pode a pessoa ter em mente que da fortuna há de ter, com toda probabilidade.

Irossum

Caminhos de Odu

1º Irossum

Ebó: galos, preás, fardo de algodão etc.

É o dizer das histórias que a onça era um animal odiado, porém muito respeitado por todos os seus semelhantes. Um dia, projetaram todos os bichos uma cilada, a fim de eliminarem da existência essa fera intolerável. Porém, a onça já tinha feito o ebó determinado a ela.

Quando chegou o dia, todos foram ao parque. Em dado momento, a onça veio toda sutil e, inesperadamente, caiu no buraco preparado para aquele fim. Porém, a onça, que tinha as patas dianteiras e traseiras almofadadas, nada sentiu, podendo sair ilesa da traição malévola.

Este jogo promete uma alta falsidade. Com muita precaução, é possível evitar essas coisas más que há na vida — que ninguém duvide. Faz-se o ebó para se poder tornar o senhor da situação.

2º Irossum

Ebó: galos, igbim, obi, moringa d'água, bebida etc.

É o dizer assinalado que havia um homem que estava muito mal de vida, doente, numa situação indescritível, tal era a precariedade em que se achava.

Feito o ebó, lá foi ele para o melo da cidade, onde tinha uma árvore. Com os obis nas mãos, começou a rogar pragas e dizer outras maledicências horríveis sobre o chefe do lugar, até que chegou aos ouvidos de todas as autoridades, que ficaram conscientes do perigoso Indivíduo que excomungava o dono da cidade.

Tanto falaram todos que até o cabeça, envergonhado, mandou dizer ao homem que deixasse de lhe rogar pragas e falar outras injúrias, pois estava disposto a satisfazer seu desejo logo. Dito isso, foi-lhe dado tudo o que lhe faltava para o conforto da vida; a saúde lhe chegou com o descanso e tudo teve.

Este jogo Indica que há pessoas que vivem em desatino na vida sem saber o que fazer para salvar-se de situação financeira ruim, de má saúde, enfim, de tudo. Esbravejam sem discrição, mas acabam saindo-se bem. Anuncia prosperidade.

3º Irossum

Ebó: etu, igbim, pena da cauda do papagaio etc.

Descreve a história antiga que o Sol, a Lua, o fogo e o papagaio, todos reunidos, estavam em disputa de poder, um querendo ser mais do que os outros. O papagaio foi o único que fez o despacho designado, pois todos os outros diziam não haver coisa alguma que lhes pudesse mudar de feições.

Tendo o papagaio feito o ebó que lhe mandaram despachar, enquanto os demais não pensaram nisso, os astros mudaram instantaneamente sem alguém prever, houve muita chuva, a tal ponto que a chuva apagou o fogo, e a tempestade, com todos os seus terrores, fez escurecer as nuvens, tapando a luz dos astros. O papagaio foi o grande vencedor. Molhou-se muito com a chuva, mas sem desbotar o encarnado da sua cauda. O papagaio foi o único que não sofreu consequência ruim.

No dizer deste caminho de Odu, há pessoas que se veem em apuros, desejosas de vitória à vista de uma disputa com diversos competidores em apreço. Se a pessoa a quem se refere esta mesa tiver a devida paciência e desvelo, em sua conjuntura será vitoriosa, qualquer que seja a sua situação.

4º Irossum

Ebó: Galinha, etu, igbim, dendê, pimentas bem vermelhas, lenço de limpar o rosto, uma faca etc.

Narra a história que houve, em um dado dia, um homem que se achava em situação tão precária e em tal aperto, que não via de lado algum qualquer tábua de salvação momentânea.

Ele resolveu ir à casa do oluô fazer o ebó designado na regra. Feito tudo, lá se foi ele para um lugar reservado, acendeu o fogo, em seguida colocou as pimentas maduras no lume e pôs-se a receber a fumaça nos olhos.

Em dado momento, ia passando um príncipe reinante e herdeiro do trono. Observando aquela cena de sofrimento espontâneo, admirou-se do tal sujeito, que, no dizer dele, estava procurando o meio mais curto possível para pôr termo à existência. O príncipe, condoído com aquilo, o fez chegar aos seus pés e indagou dele o que havia ou o que queria dizer aquilo. Sem demora, o homem historiou a razão daquele ato de castigar a si próprio. Tratava-se de compromissos inadiáveis, que ele não podia cumprir. Disse o príncipe que, tendo pena dele, não consentiria semelhante cena. Também, sem hesitação, o príncipe mandou-lhe uma verdadeira fortuna, com a qual o homem poderia viver toda a sua vida, sem o menor vexame.

Revela que, para quem se deita este caminho de jogo, é indispensável muita retórica, demonstrando o grande vexame, sofrimento e aflição por não poder satisfazer compromissos em dia. No entanto, pode suspirar, pois, assim mesmo, com todas essas aperturas e tudo o mais que se segue, achará um amparo misericordioso. Quer isso dizer que nessa emergência haverá um auxílio divino, prontamente.

5º Irossum

Ebó: galinhas, pombos, acaçá e tudo o que der.

Afirmava-se antigamente que havia uma senhora que vendia acaçá ou mingau da manhã, e que tendo ela resolvido ir um dia à casa de pessoa entendida na ciência, mandaram-na fazer o ebó acima indicado, a fim de obter uma melhor posição na vida. Feito o que está escrito, passado algum tempo, velo o general Ogum com seu exército, todos com fome.

Ogum aproximou-se dessa senhora, pedindo-lhe comida para ele e todo o seu pessoal, explicando que vinha da guerra e não trazia dinheiro. Ela, que costumava vender a dinheiro e nunca vender fiado, prontamente e de bom grado mandou todos se sentarem e os serviu abundantemente. Terminando a refeição, Ogum, que não tinha dinheiro para pagar o almoço à vista e prontamente, dividiu com ela tudo o que trazia da guerra de Sagres. Assim, ficou a vendedora de acaçá riquíssima, fazendo divulgar esse acontecimento em todos os lugares.

6º Irossum

Ebó: angu de inhame, obi etc.

O rei de Sabe Opará estava o tempo todo em guerra com sua vizinhança. Quando era atacado, tinha o costume de se encostar num poste e sempre saía vencedor.

A mulher dele foi à casa do oluô que prescreveu dar comida à cabeça (bori). Era angu de inhame, que o rei deveria pilar para ela. Indignado com esse atentado à sua dignidade, o rei recusou-se terminantemente a pilar os inhames para o bori de sua esposa.

ha primeira guerra que se deu logo a seguir, o rei de Sabe Opará foi preso. Então, tornou-se escravo e foi forçado por seu dono a pilar todos os inhames destinados aos boris das mulheres do rei e do seu senhor.

Esta história mostra que é bom aceitar com docilidade e paciência certos trabalhos humildes para se ver livre, depois, de tarefas mais pesadas.

Oxé

1º Oxé

Ebó: preás e peixes assados.

Esta analogia histórica é um tanto embaraçosa, uma vez que se refere a um dos filhos de Orixalá, melhor dizer logo, o que se chamava Dinheiro, que dizia ser tão poderoso que poderia até mesmo dominar a Morte.

Esse tal fez o ebó previsto e saiu maquinando como poderia trazer presa a Morte, conforme prometera na presença de todos. Deitou-se na encruzilhada, e as pessoas que passavam na estrada deparavam com um homem espichado no meio do caminho. Diziam uns:

— Xi! Está este homem esticado com a cabeça para a casa da Morte, os pés para a banda da moléstia e os lados do corpo para o lugar da desavença.

Ouvindo tais palavras dos transeuntes, levantou-se o homem e disse, então, com ironia:

— Já sei tudo o que era preciso conhecer. Estou com os meus planos já feitos.

E lá se foi ele direto para a fazenda da Morte. Chegando na chácara dela, começou a bater os tambores fúnebres de que a dona da casa fazia uso quando queria matar as pessoas indicadas para morrer. Ele tinha uma rede preparada e, quando a Morte aproximou-se, apressada, a fim de saber quem estava tocando os seus tambores, o homem envolveu-a na rede e a levou logo ao maioral Orixalá, dizendo-lhe essas palavras:

— Aqui está a Morte que eu prometi trazer em pessoa à vossa presença.

Orixalá, então, lhe disse essas palavras:

— Vai-te embora com a Morte e tudo de melhor e de pior que possa haver no mundo, pois tu és o causador de tudo o que há de bem e de mal. Some-te daqui e a leva embora e, então, poderás possuir tudo e conquistar o universo inteiro.

Diz-se, conforme analogia histórica antiga, que, para quem sair este caminho, tenha cuidado ou cautela ao usar de todos os meios para adquirir o dinheiro ou outros recursos necessários à existência. Má grande possibilidade de se obter todo o desejado.

2º Oxé

Ebó: igbim, pombos, galos etc.

Um dia, mandaram o marido de uma mulher que fosse fazer um despacho impreterivelmente e que depois mandasse a sua senhora recolher-se. Que oferecesse angu de inhame com caruru e comidas outras bem-feitas à cabeça de sua mulher, a fim de lhe evitar o maior dissabor, um dissabor inqualificável na vida, pois lhe aconteceria a maioria das infâmias que possam existir sobre a terra para quem se preza. O dito homem não ligou a menor importância à advertência feita a ele.

Em resumo, um dia houve um ataque dos guerreiros, como sempre se dava naqueles tempos mais selvagens. Pilhavam tudo o que encontravam, saqueando a torto e a direito, até que, em dado momento, entraram na casa do casal mencionado, agarraram o marido e jogaram o candeeiro da luz na cabeça dele. Ele lutou e, em represália, puseram o homem para assistir enquanto eles se serviam da mulher, no ato que o decoro pede muita reserva. Que golpe doloroso, meu Deus. Assim foi.

Como sempre acontece, não há mal que sempre dure, nem bem que nunca termine. Um dos assaltantes, condoendo-se com aquela cena tão deprimente, que não podia ser mais infame, perguntou ao homem se ele ia fazer o ebó que tinha deixado de despachar. E ele respondeu que sim, afirmativamente. Então, todos esses mesmos algozes ferozes reprovaram o seu procedimento de não cumprir o que lhe determinaram. Com acre censura, perdoaram-lhe a vida, dizendo-lhe que nunca mais fizesse pouco caso daquilo que lhe falassem.

Diante desta história horrível, da qual foi descrita a cena horrível e tão Inqualificável como repugnante, é este o epílogo sem par: é de bom aviso recomendar à pessoa para quem se deita essa mesa, vindo neste caminho, que tenha muita cautela, que não facilite deixando de cumprir qualquer determinação, por mais ínfimas que sejam as suas pretensões. Em todo caso, indica à pessoa que consulta que terá de passar por grande dissabor, oriundo de constrangimentos e sustos. Porém, se fizer por sanar, serão passageiras essas coisas ruins.

3º Oxé

Ebó: chifre, galos, pedras miúdas.

Assinalaram os historiadores da antiguidade que houve entre Xangô e o Carneiro uma grande contenda por motivo de ciúme de mulher. Assim, dizem que os dois se encontraram e se agrediram para valer. Em dado momento, o Carneiro, que estava bastante cansado, correu para casa, armou-se de chifres, reforçou-se de uma maneira tal e foi bater-se de novo com Xangô.

Caminhos de Odu

Xangô não pôde lutar mais e, afinal, acabou sendo vencido. Atirou uma corda para o céu e foi-se embora com o vento.

Por fim, ficou todo o pessoal a blasfemar que Xangô, que todos tinham como valente e muito poderoso, desaparecera da terra para fugir das garras do Carneiro. Com tal decepção, os amigos de Xangô incumbiram-se da tarefa de fazer o ebó com muita pedra miúda. Feito tudo isso, começou logo a trovoar e a caírem os raios elétricos dos astros. Todos acreditaram que Xangô, de fato, estava no céu. De vez em quando, lembrando que tinha passado cá na terra, mandava os raios com aqueles tiros de pedra miúda.

São os dizeres desta mesa vindo neste caminho. O descrito fala que se tratava de uma luta titânica entre os contendores, numa desavença que parecia ser irreconciliável. Mas quem tiver interesse em providenciar o que é pedido de acordo com a natureza da ocorrência, será vencedora ou vencedor.

4º Oxé

Ebó: tudo o que for indispensável para tal fim.

Temos como base que havia um grande guerreiro, valioso na expressão da palavra, o qual, a caminho de atacar um povoado, tinha de atravessar na fronteira um caudaloso rio, que formava uma cachoeira chamada Oxum.

Esse general de guerra, depois de ter chegado à borda e não podendo passar para a outra margem do rio, resolveu protestar em alta voz, dizendo que daria tudo, sem arrependimento, a Oxum, se pudesse passar com seu exército naquele lugar. Ditas estas palavras, a cachoeira secou imediatamente e os soldados atravessaram, saindo-se muito bem em uma campanha vitoriosa.

Vinha ele de volta da guerra, quando, chegando à beira do rio, este começou a encher as águas de uma tal forma que tornava impossível ao general tornar a passar. Todos ficaram confusos sem saber o que fazer para se verem livres de semelhante situação.

Então, chegou ao conhecimento do chefe da guerra que a condição para que o rio vazasse era que ele entregasse a sua filha única, cujo nome era Tudo, pois ele tinha prometido Tudo a Oxum. De fato, ele prometera dar de tudo, mas Oxum entendeu que era a princesa Tudo. Que dor não foi ouvir essas palavras terríveis! Porém, ele não teve outro jeito senão mandar botar sua filha Tudo n'água e ela desapareceu nas ondas. Nesse momento, as águas começaram a baixar e em poucas horas o rio estava sequinho. Atravessaram as forças e o grande general, este com a maior das mágoas por ter perdido a sua descendente dileta.

É de se notar que, para quem se botar esta mesa, esse caminho previne que há ou haverá um mal-entendido Inevitável, incontornável mesmo. Deve-se fazer o máximo possível para evitar o constrangimento, porém poderá terminar bem, se fizer por isso.

5º Oxé

Ebó: galinhas, pombos, igbim, preás, peixes assados etc.

Narra este Odu que havia, naquele tempo, uma modesta e peregrina rapariga que vivia na simplicidade constante e a quem chamavam Oxum, que, tendo empregado todos os esforços para ter bom sucesso na vida, como deve ser de conveniência própria, resolveu procurar pessoas entendidas na matéria.

Dito e feito, lá se foi. Chegando lá, mandaram-na fazer o despacho acima, a fim de melhorar as condições. Ela, imediatamente, fez tudo o que foi designado. Mandaram que levasse aquele ebó para casa de Orixalá e começasse a pedir em voz bem alta o que queria, assim ela obteria tudo em seu favor

Imediatamente. Assim ela fez sem demora. Chegando no fundo da casa de Orixalá, começou a maldizer Orixalá. Dizia que ele tinha tudo o que necessitava e ela, nada. Atribuía ser ele um malfazejo, enfim, um perverso de marca maior. Assim, nessa difamação feroz, abalou logo toda a cidade e todos vinham para ouvir o honesto choro de humilde pessoa que dizia ter Orixalá procedido muito mal para com ela. Assim sendo, ele não podia continuar como chefe e rei do povo.

Neste ínterim, tudo chegava aos ouvidos de Orixalá e todos os seus amigos o aconselhavam a dar tudo o que aquela rapariga queria, contanto que deixasse de ficar rogando-lhe pragas. Diante da insistência dos seus íntimos conselheiros, Orixalá fez vir a rapariga à sua presença e mandou dar-lhe tudo o que estava a seu alcance, tudo o que ela queria. Assim ficou Oxum senhora de todas as fortunas, mais do que qualquer outro orixá.

Pela descrição acima, vê-se que, neste caminho do Odu, a pessoa terá grande prosperidade, se fizer este ebó e tiver a devida determinação para obter tudo o que deseja.

Obará

1º Obará

Ebó: preás e peixes assados etc.

No princípio, todas as aves reuniram-se para saber como podiam viver em paz sem ser incomodadas pela humanidade. Ficou resolvido que cada uma fizesse ebó para evitar qualquer incidente, tanto falsidade e traições, quanto perseguição. Nenhuma das aves levou a sério aquilo que havia sido combinado. Só a pomba-rola resolveu fazer o despacho deste ebó.

Tempos depois, foi armada uma visgueira na beira de uma fonte onde todos os pássaros iam assiduamente beber água no tempo do verão. Acabaram todos os pássaros caindo na visgueira, restando somente a pomba-rola, que nunca caiu e nem cairá na armadilha.

Este caminho de Odu deixa ver que é preciso agir com muita precaução para se evitar uma falsidade, uma cilada ou a malícia dos semelhantes. Despachando este ebó e tendo a necessária precaução, é possível ser vitorioso em todas as esferas.

2º Obará

Ebó: corda, preás, peixe assado, dinheiro etc.

Mandaram a pomba juriti fazer ebó para o seu filho amado ou, parente próximo não vir a padecer de dor, agonia ou outras coisas que pudessem provocar sofrimento.

Sendo o sentimento paternal ou a amizade aquilo que se evidencia, claro está que esta caída do jogo quer dizer que se deve ter cuidado com os filhos, outros parentes e pessoas próximas, no sentido da preocupação com a moléstia ou outros padecimentos que acarretam cuidado pessoal direto. É bom fazer o ebó como sinal de precaução, a fim de evitar roubo e outros constrangimentos na vida.

3º Obará

Ebó: gaios, preás, feixe de lenha, garrafa de azeite, enfim, o que for necessário ao fim destinado.

O pombo foi o único que se sujeitou a fazer este ebó, com todo o sacrifício e no meio de todas as blasfêmias das outras aves, Como determinou o tal oluô, ele juntou a lenha e as coisas de comer. Feito o ebó, o pombo tornou-se a ave da casa e as outras qualidades de aves continuaram silvestres como pássaros do mato.

Pela análise, deixa transparecer tratar-se de desejo de mudança de casa ou posição e que, de qualquer forma, terá um bom êxito, se for bem-sucedido com o despacho do ebó.

4º Obará

Ebó: cabras, galinhas, obi, orobô, atarê, bebidas e tudo o que se pode comer etc.

A história narra que, no princípio do mundo, quinze dos dezesseis Odus seguiram todos à casa do oluô, a fim de procurar os meios para que eles pudessem melhorar de sorte, mas nenhum fez o que determinou o oluô. É de se notar que Obará, um dos dezesseis Odus existentes, não se achava no grupo na ocasião em que os demais foram à casa do oluô botar jogo. Sendo ele, porém, sabedor do ocorrido, apressou-se em fazer o ebó que os colegas não despacharam por simples capricho da sorte. Obará fez o ebó por sua conta e risco. Ele fez o máximo que pôde para conseguir seu desejo, dada a sua condição precária.

Como era o costume, os quinze Odus de cinco em cinco dias iam à casa de Olofim consultá-lo e nunca convidavam Obará, por ser ele, então, muito pobre, tanto que olhavam para ele sempre com ar de ridículo. Pois, então, foram à casa de Olofim, jogaram e até altas horas do dia não acertaram o que queriam que Olofim adivinhasse e, com isso, acabou que todos eles se retiraram sem ter sido satisfeita sua curiosidade. Olofim, com desprezo, ofereceu uma abóbora a cada um deles, e eles, para não serem indelicados, levaram consigo as abóboras ofertadas.

No caminho, porém, alguém se lembrou, apontando para a casa de Obará-Meji, de fazer ali uma parada, embora uns fossem contra, dizendo que não adiantaria dar semelhante honra a Obará, pois ele era um homem simples que nunca influía em nada. Mas um deles, mais liberal, atreveu-se a cumprimentar Obará-Meji com estas palavras:

— Obará-Meji, bom dia! Como vais de saúde? Será que hás de comer com estes companheiros de viagem?

Imediatamente respondeu ele que entrassem e se servissem da comida que quisessem. Dito isso, foram entrando todos, eles que já vinham com muita fome, pois estavam desde a manhã sem comer nada na casa de Olofim.

Caminhos de Odu

A dona da casa foi ao mercado comprar carne para reforçar a comida que tinha em casa e, em poucas horas, todos almoçaram à vontade. Depois, Obará convidou todos para que se deitassem para uma madorna, pois estavam todos cansados e o Sol estava ardente. Mais tarde, eles se despediram do colega e lhe disseram:

— Fica com estas abóboras para ti — e lá se foram satisfeitos com a gentileza e a delicadeza do colega pobre e, até então, sem valia.

Mais tarde, quando Obará procurou por comida, sua mulher o censurou por sua franqueza e liberalidade, dizendo que ele tinha querido mostrar ter o que não tinha, agradando a eles que nunca olharam para ele e nunca ligaram nem deram importância ao colega.

Porém, as palavras de Obará eram simples e decisivas:

— Eu não faço mais do que ser delicado aos meus pares. Estou cumprindo ordens e sei que, fazendo esses obséquios, virá à nossa casa a prosperidade Instantânea.

Finda esta explicação, Obará pegou uma faca e meteu na abóbora, surpreendendo-se com a quantidade de ouro e pedras preciosas que existia dentro dela. Surpreso e no auge da alegria, levou, apressado, tudo para mostrar à pessoa entendida no assunto, resultando confirmarem-lhe que aquilo eram brilhantes, pedras valiosíssimas. Assim, Obará comprou tudo de que tinha necessidade. Até um palácio ele construiu e obteve um cavalo de várias cores.

Daí que estava marcado o dia para todos os Odus irem de novo à conferência no palácio de Olofim, como era o costume deles. Já muito cedo, achavam-se todos no palácio, cada um no seu posto junto a Olofim, quando Obará velo vindo de sua casa com uma multidão de gente que o acompanhava, até mesmo os músicos de uma enorme charanga. Enfim, todos numa alegria sem par. De vez em quando, Obará mudava de um cavalo para outro, em sinal à nobreza.

Os invejosos começaram a tremer e a esbravejar, chamando a atenção de Olofim, que indagou o que era aquilo. Foi, então, que o informaram que era Obará, que vinha com aquele préstito em sons de louvores inqualificáveis. Então, perguntou o chefe Olofim aos Odus o que tinha cada um deles feito das abóboras que ele havia lhes dado de presente. Responderam todos de uma só voz que tinham jogado as abóboras no quintal de Obará. Disse Olofim, então, que a sorte estava destinada a ser do grande e rico Obará, o milionário entre todos os Odus, pois o que tem de ser traz a força. Muitas riquezas estavam encerradas dentro das abóboras que foram rejeitadas por cada um deles, para a felicidade de Obará.

Não se precisa de longos e minuciosos detalhes. A história supramencionada é a simples enunciação da prosperidade próxima, tão instantânea que se pode dizer que não há um só Odu que possa competir com Obará na felicidade de tão rapidamente chegar ao que se precisa. Fazendo-se o ebó já indicado, com proveito há de se ter toda a possibilidade de ser feliz monetariamente.

ODI

1º Odi

Ebó: espada de madeira, preás, peixe assado, galo e saringuê etc.

É muito conhecida a história que assinala o caso do homem que, sabendo que se alastrava uma grande epidemia na cidade e que a morte também o ameaçava, foi, sem perder tempo, à casa de um oluô competente consultar sobre a maneira de ele se ver livre daquele flagelo fabuloso.

Mandaram-no fazer o ebó acima referido com toda a observância e preceitos inerentes ao assunto. Dito e feito o designado, ordenaram-lhe que levasse do tal saringuê e o amarrasse em cima da sua porta, para que todos os que passassem vissem aquele objeto dependurado. Assim fez o homem.

Dias depois, quando a morte veio buscar as pessoas daquela cidade, de repente avistou aquilo que estava dependurado na frente da residência. O homem tinha feito o ebó com os objetos supramencionados e com um facão de madeira na mão deitou a correr atrás da Morte. Esta ficou tão admirada e espantada, pois nunca tinha visto ninguém com espada de madeira, que lhe prometeu que tão cedo não iria bulir com ele e nem com toda a gente dali.

A síntese desta história diz que, seguindo-se com rigor a regra descrita neste caminho de jogo, a pessoa evitará um grande mal, perseguição imediata, ou ameaça iminente. Fazendo o que determina este jogo, é possível que a pessoa que consulta esteja livre de qualquer dificuldade, por mais embaraçosa que seja.

2º Odi

Ebó: balaio ou jacá, cordas, bodes, cabras, galinhas, galos, preás, peixes assados etc.

Aponta este notável caminho de Odu, quando se apresenta no jogo, a história de um homem que era escravo e um dia se viu ameaçado de iminente perigo. Esse homem foi amarrado por dele terem dito que cometera um crime. Segundo as leis daquela terra, botaram o homem num caixão grande todo pregado e deitaram a caixa rio abaixo. Por uma dessas coincidências que sempre acontecem nos destinos das criaturas, a correnteza do rio lançou a caixa na praia de uma cidade cujo rei estava morto e enterrado, e onde todos os súditos ainda estavam guardando luto.

Acontece que ali havia muitos príncipes com direito à sucessão Imediata, mas sobre todos pesava alguma grave acusação, de forma que não se sabia como haviam de decidir o complicadíssimo problema da sucessão do rei morto, como nunca jamais acontecera na história do dito povo. Depois de muito cogitar sobre o assunto, foi decidido que marcassem um prazo para que surgisse uma pessoa estranha àquela nação que assumiria o governo e seria o rei daquela terra daí em diante.

    Dito e feito. Esse homem, que tinha antes do cativeiro feito todo o ebó que determinaram para ficar assegurado o exato êxito, velo ele esbarrar, dentro do caixão, na Praia de Ibim, onde o acolheram e imediatamente o elegeram rei daquele povo. Assim ficou ele sendo o venturoso rei de uma nação, coisa raríssima na vida.

    É de se admirar que uma criatura dessas, que bem pouco tempo antes, por incrível que pareça, era um dos maiores desgraçados entre as criaturas humanas, terminasse sendo um entre os mais felizes do mundo. Pela análise da história que acabamos de conhecer, a pessoa para quem se deitar este quadro de Odu, vindo neste caminho e obedecendo a todas as prescrições determinadas, terá toda a probabilidade de alcançar tudo o que deseja, infalivelmente.

3º Odl

Ebó: galinhas e uma espada ou facão etc.

Diz-se que um casal bastante pobre, pobre ao extremo, resolveu consultar uma pessoa entendida na matéria. Foram à casa de um oluô existente no local e este determinou o que acima foi descrito, não hesitaram em obedecer o conselho. Assim que fizeram o ebó, o oluô lhe restituiu o facão, que era a única ferramenta de que dispunham para o arrimo dos dois.

Nos dias seguintes, eles continuaram os seus serviços cotidianos de cortar palma do coqueiro de dendê para vender. Um dia desses, em que estavam entretidos no corte do mato, o facão escapuliu das mãos do homem e foi direto cair num fosso grande, que, mais tarde, foi verificado tratar-se de um castelo velhíssimo, onde havia muitas preciosas e valiosas pedras, com muitos brilhantes e outros objetos de valor.

Está subentendida a surpresa que o destino reserva a quem se deita esta mesa, anunciando um conforto modelar que se verifica neste caminho, quando uma dificuldade momentânea pode converter-se, em poucos dias, em consolo e prazer abundante. A experiência faz saber que estão reservados dias próximos de prosperidade infalível.

4º Odi

Ebó: carneiro, galo, preá, peixe, uma faca e todos os apetrechos de fazer mesas etc.

É bem evidente que, em conformidade com as análises das histórias, Odi é um dos grandes sábios na arte de adivinhar o futuro. Foi ele procurado por dois sujeitos, cada um em diferente ocasião. Entre eles um aleijado, que ele mandou fazer um ebó com um carneiro, e um outro, que era cego e a quem ele mandou por sua vez fazer o ebó com um galo, que ele próprio, Odi, tinha reservado para seu despacho especial que o oluô que ele consultara antes tinha mandado fazer, mas que ele ainda não havia feito.

O homem que tinha as pernas inutilizadas segurou o carneiro e pediu a cura daquela enfermidade tão volumosa que afligia as suas pernas, desse ato, o carneiro deu um súbito salto para trás, vazou as feridas e imediatamente o homem ficou curado, sem precisar de intervenção cirúrgica. O cego, por sua vez, foi oferecer o galo, e, também, no correr da oferta, o galo meteu as unhas nos olhos dele, rasgando-lhe as veias, e, como resultado, o homem ficou com os olhos bons, claramente enxergando tudo, como era antes.

Verificados ambos os milagres, de pontos diferentes partiram os dois romeiros a agradecer ao seu grande benfeitor Odi. Encontraram-se os dois em uma travessa muito estreita e indagou um ao outro aonde ia. Dando-se conta de que faziam a mesma viagem, juntaram-se em companheirismo e seguiram ambos com alegria e satisfação.

Qual não foi a surpresa que tiveram ao chegar próximo da casa de Odi e saberem que este estava acorrentado na cadeia local por motivos fúteis. Os dois foram imediatamente ao oluô que tinha tirado o ebó de Odi, que ele não tinha feito, e despacharam tudo direitinho em seu nome.

Foi quando uma das filhas do chefe desse lugar teve um acesso espantoso, ficando sem sentidos por muito tempo. Na confusão em que se achavam todos, um dos homens lembrou-se de Odi como um dos peritos no assunto, e o rei o fez vir à sua presença e rogou-lhe que salvasse a sua filha, a mais estimada de todos os seus filhos. Sem perder tempo, Odi conseguiu salvar a moça. O chefe ficou tão grato pelo prodígio do Inesquecível Odi que, num rasgo de gratidão, decidiu dar a sua filha como mulher a Odi e tudo o mais que lhe era necessário para o conforto da sua vida junto com a sua filha.

Não há necessidade de muita análise sobre assunto tão fabuloso e precisamente descritivo e detalhado na esfera da presente mesa. Assegura positivamente, tanto quanto os fatos concretos havidos, que ingratidão, dificuldades, dissabores e outros constrangimentos darão lugar à prosperidade que as faculdades possam imaginar. Com a inabalável força de vontade, profissionalmente tudo se consegue.

5º Odi

Ebó: galinha, etu, igbim etc.

Como se costuma dizer na história, mandaram um homem cujo nome era Orumilá despachar o ebó citado para melhorar de uma situação tão ruim que nem se sabia de onde vinha.

Orumilá era dotado de uma paciência extrema, nada havendo que lhe abalasse a posição serena, em conformidade com os conselhos que avisavam que tivesse muita calma. Um dia, apareceram em sua porta três mulheres que diziam chamar-se Paciência, Discórdia e Riqueza, e todas queriam ficar em sua companhia.

Então, perguntaram-lhe qual delas ele preferia. Entre as três, escolheu a de nome Paciência e, com isso, desgostou as outras duas formosas e ricas donzelas.

Orumilá seguiu as suas viagens, levando sua nova mulher e as outras também, que insistiram em acompanhá-lo sempre. Em dado momento, numa estrada quase deserta, surgiu no caminho uma discussão entre as duas mulheres rejeitadas, a tal ponto de irem às vias de fato. Uma censurava a escolha de Orumilá como extravagante, a outra dizia que isto era coisa que dependia do gosto de cada um. Bastou para que as duas mulheres se esbofeteassem mutuamente, até que os trabalhadores das estradas mais próximas interviessem na luta, a fim de evitar morte.

Eles levaram as duas presas ao chefe local, na presença do qual narraram ambas as suas razões, mas como não havia testemunha do fato e achando-se a autoridade sem prova bastante para resolver o assunto, mandou que fossem à casa de Orumilá, tido por ele como homem sábio e adivinhador. Orumilá haveria de explicar a causa de tal desavença.

Assim que as mulheres foram avistando Orumilá, disseram que era por causa de homem que estavam brigando, por ele ter ficado com a serva Paciência. Disseram:

— Pois está claro que onde há Paciência há tudo, sem ela nós não podemos viver. Se este homem fica com Paciência, nós

Caminhos de Odu

ficaremos também, até o fim da nossa vida, pois está provado que onde há Paciência, há tudo o que é necessário para se viver.

A história que se relata aqui instrui a quem se deita este caminho de Odu a saber resignar-se com a devida calma, coragem e paciência, visando a chegar a um fim favorável às suas preferências pessoais. Por mais crítica que seja a situação do consulente, tenha sempre em mente que o resultado será favorável.

EJIONILÊ

Caminhos de Odu

1º Ejionilê

Ebó: preás, peixe assado, jenipapo verde etc.

Diz-se que estava a Morte em visita a uma cidade. Ia de casa em casa fazendo ameaças e causando terror em toda a população.

Daí, um cidadão previdente foi à casa do oluô haver-se sobre a forma de livrar a si e a todos que lhe eram caros daquela epidemia que assolava a cidade. E lhe determinaram fazer o ebó suprarreferido para a sua salvação.

Dito e feito esse preceito sem demora, deram a fruta de jenipapo verde para ele passar no corpo. O homem fez tudo conforme lhe disseram. Dias depois, quando chegou a Morte e perguntou pelo homem moreno bem corado, esse mesmo senhor apareceu perante a Morte, mas ela não o reconheceu, dizendo que procurava um homem moreno e bem corado e não esse homem que se apresentava, de cor retinta. Assim, como a Morte desconhecera por completo o homem, ela o deixou gozar um pouco mais a vida.

Não há norma rigorosa para compreender a nota especificada. Pode-se dizer que esta mesa, vindo neste caminho, atribui para quem se joga que é de bom alvitre despachar esse ebó para se ver livre de umas tantas coisas que o estão atormentando constantemente, ou terá perturbada a sua marcha.

2º Ejionilê

Ebó: igbim, água etc.

Naquele tempo, mandaram todas as árvores fazer ebó conforme deu no jogo, mas nenhuma deu importância ao conselho. Somente a cajazeira fez o ebó designado. Daí por diante, todas as árvores morreram sem delonga quando estavam deitadas, exceto a cajazeira, que, mesmo estando caída no chão, sempre grela e renasce, sim.

Este caminho fala a respeito da saúde. Que a pessoa pertencente a este caminho, com cuidado e perseverança, pode preservar e melhorar a saúde, se não for caso fatal.

3º Ejionilê

Ebó: dois casais de galinhas brancas, etu, igbim e muitas coisas do mar etc.

Diz-se que um casal que brigava fez o ebó referido, restabelecendo a paz almejada por qualquer casal de namorados ou mesmo outro tipo de pessoa vinculada à situação afetiva com interesse de ter uma nova união feliz, ou uma reconciliação frutuosa da união anterior. É a deliberação para essa vontade que transmite este caminho para o qual o ebó é recomendado.

4º Ejionilê

Ebó: dois casais de galinhas brancas, etu, igbim e muitas coisas do mar etc.

No princípio, tiraram um ebó para todos os habitantes daquela época, sem distinção de nenhum, não houve, entre eles, quem se animasse a fazer o despacho designado. Vendo que ninguém queria fazê-lo, Orumilá mesmo, o oluô deles para este fim, resolveu invocar a si o tal ebó e, assim, fez o despacho.

Havia uma donzela tão bonita quanto rica fechada a sete chaves no palácio encantado. Orumilá pegou seu martelo irofá e com ele foi apontando para as portas do palácio. E assim, foi abrindo uma a uma, até chegar no centro, onde ela estava aninhada com todos os prazeres e conforto. Destarte, Orumilá pôde possuir a mulher mais bela e tão brilhante como a luz que irradiavam os astros naquele tempo.

Não é preciso fazer rodeio para a conclusão do assunto em foco. Pode-se dar as boas e confortadoras novas: o desejo junção de duas pessoas vai se realizar, desde que se obedeça a prescrição reguladora indicada nestes versos.

5º Ejionilê

Ebó: dois etus, efum e ossum etc.

As histórias narram que havia por fortuna um casal que tinha uma criancinha de poucos dias de nascida, reinando entre eles um certo estremecimento por razões fúteis. Ora, um dia o pai da menor teve a ideia de botar veneno na panela da comida da sua mulher. Porém, a criancinha advertiu a sua mãe que o pai tinha, na ausência dela, deitado veneno na comida. Esta, por sua vez, em represália, botou veneno na água do marido. A criancinha vendo a mãe preparar a vingança, avisou o pai que sua mãe tinha envenenado a água e que não bebesse dela.

Não imaginam qual não foi a zoada e barulho infernal que se seguiu, até o ponto de irem os dois parar na presença da justiça daquela terra. Chegando ambos lá, cada um deu o seu depoimento, narrando o fato em questão. As autoridades, vendo que as ofensas ou crimes eram recíprocos, mandaram os dois embora, depois de pedirem um ao outro mil desculpas, com abraços e tudo o mais que segue. Ficaram os dois muito de bem, como se tivessem começado um novo e seguro amor.

Pela orientação analógica, vê-se que este jogo anuncia grande tempestade e desavença no lar da pessoa interessada nessa mesa. Mas a inteligência e a paz duradoura voltarão a reinar entre ambos, se uma das partes souber avaliar corretamente os interesses e a consciência própria.

6º Ejionilê

Ebó: etu, acha, charuto ou cigarros etc.

Este ebó foi designado a um casal em desarmonia, que vivia em completo desacordo de ideias. Uma das partes, que tinha feito o ebó citado, ficou em estado de expectativa. Com tanta desavença, a coisa foi esbarrar na justiça, que não sabendo como solucionar o caso, aconselhou que pedissem perdão um ao outro, como única saída para uma situação de sofrimento recíproco.

O resumo desse dispositivo é indicar reconciliação favorável e sossego no lar. Para este fim, é preciso saber tudo o que determinam as regras e maneiras para melhorar as boas relações ameaçadas pelas ações caprichosas.

7º Ejionilê

Ebó: tudo o que existe e que é possível despachar no ebó, até mesmo galo, galinha, preá, peixe etc.

É da história dizer que, no princípio do mundo, antes de tudo, o Criador reuniu todo o gênero humano e lhe determinou que cada um por si fizesse o ebó a fim de ter tudo e dominar o mundo. Conforme a memória, não cuidou do ebó a parte dos africanos, enquanto os lados opostos obedeceram todas as regras, em todos os seus temas. Assim, como dizem todos os antigos, vem daí o princípio de os brancos dominarem o universo, conforme se verifica até hoje.

Quantas vezes Ejionilê, neste caminho de Odu, pode afirmar que a pessoa para quem se deite este quadro prosperará no lugar onde se fez esse processo e não no lugar de seu nascimento, se estiver ausente de seu torrão natal.

8º Ejionilê

Ebó: bode, cálices, galos, galinhas, pedaço de madrasto, penas de papagaio-da-costa etc.

Em certa ocasião, estando reunidos todos os orixás sem exceção de nenhum deles, Orumilá ordenou que aquele que quisesse fosse fazer o ebó anteriormente indicado, para que pudesse gozar de benefício que esse fim oferecesse.

Entre todos, ninguém se prontificou a fazer o tal despacho, senão Orixalá, que era, no princípio, um homem que habitava um sítio quase ermo, vivendo sozinho, pois só mais tarde foram chegando Ogum, depois Oxóssi, Omolu, Oxum, Yemanjá, enfim, todos os orixás, sem distinção de sexo.

Orixalá foi cortador de dendê e carregador de lenha, até ficar com o pescoço torto. Era corcunda por ter caído de uma árvore. Em conclusão, Orixalá fez todos os serviços íntimos e baixos na terra, pois que ele era quase seu único habitante no princípio e, portanto, seu principal fundador. Assim sendo, todos aqueles que imigravam para lá pediam a Orixalá um sítio para habitar. E lá se foi formando uma das cidades mais poderosas do mundo naquela época.

Um dia, todos se reuniram para deliberar sobre o seguinte problema: tinha se tornado preciso ter uma pessoa que figurasse como o chefe. Marcado o dia, todos lá se foram, até mesmo Orixalá, que tinha feito o ebó. Olocum, a dona do oceano, dera a Orixalá uma peça de pano que ele levou para fazer o vestuário de cima e de baixo; e também lhe dera algumas penas de papagaio-da-costa para se enfeitar.

Assim, foi Orixalá colocado em primeiro lugar entre as pessoas presentes e, desse momento em diante, lhe apresentavam credenciais como rei. Todos os orixás que habitavam ali naquele tempo diziam que pelos trajes Orixalá destacava-se de todos, demonstrava ser chefe de todos. Assim foi Orixalá aclamado chefe de todos os orixás. Orixalá quer dizer "o Maior dos Orixás". Olocum tornou-se senhora e possuidora de tudo o que existia sobre a terra, pois é velho o adágio que diz que as águas correm para o mar e que o oceano é muitissimamente mais rico do que os continentes.

Pela descrição anterior, larga e detalhada, circunstancialmente assinalada, é indicado nesse caminho de Odu, quando vem nesta forma, que admiravelmente há máxima proteção para quem se bota o jogo. São patentes os efeitos benéficos de Ejionilê, qualquer que seja a pretensão.

Ossá

1º Ossá

Ebó: obi, metal amarelo para usar nos braços, peixes e preás etc.

Está registrado na história do passado do mundo que, no princípio, o carneiro, o galo, o bode e outros animais eram todos oluôs de largo saber e que, um dia, Olofim mandou convidar todos ao seu palácio para uma audiência conjunta.

Ali chegando, todos começaram o jogo e, em dado momento, tiraram um ebó que devia ser feito com um orangotango. É de se notar que estes sujeitos tiraram esse ebó já com espírito de perversidade, para vingar-se deste macaco que era seu rival oculto.

Imediatamente, Olofim mandou pessoas competentes na arte de caçar para pegar o orangotango. Armaram no mato cinquenta ciladas, cada uma com uma cuia cheia de obis. De fato, os macacos gostavam muito de obi e assim foi que o orangotango caiu no alçapão de cuia. Este, que já tinha feito o ebó com muitos metais de braços, foi indo bem devagar até se safar e saiu sutilmente por entre as moitas.

Os caçadores, vendo a cuia vazia, pensaram que o macaco estava preso. Com a presença de todos, abriram a armadilha e qual não foi a surpresa de não encontrar o orangotango dentro. Nesse momento, Olofim ordenou que agarrassem o próprio carneiro e seus companheiros, para, sem demora, fazer o despacho, pois não podia tardar mais o seu ebó com uma nova caçada.

Assim foi que todos começaram a contar esta história. O carneiro e seus amigos que queriam se livrar do inimigo orangotango sofreram o seu revés, sendo, eles próprios, utilizados no ebó. E Olofim cumpriu o seu preceito, o qual devia fazer de qualquer forma.

Esta narrativa tão empolgante evidencia e aconselha a máxima cautela para que pessoa interessada nesse quadro do Odu se afaste de uma cilada premeditada, ou de perigo oculto e iminente. Tendo cuidado e prudência, é possível livrar-se de todo e qualquer perigo, dissabor e constrangimento.

2º Ossá

Ebó: galos, preás, peixe, ecuru, frigideira virgem etc.

Contam as histórias que Orixalá tinha o ebó para fazer e um dia foi muito cedinho, com muito boa vontede, carregar água para seu orixá. Lá chegando, as corujas o perseguiram de tal maneira que Orixalá correu apressadamente à procura de socorro, até que teve o tino de entrar pela casa de Orumilá adentro. Que ele lhe valesse, livrando-o daquela perseguição inqualificável, pediu.

Sem demora, Orumilá mandou trazer os materiais do tal ebó e fez o despacho. Colocou o ecuru na frigideira e botou no telhado. Quando as corujas sentaram na frigideira, ficaram presas no visgo. Orumilá ordenou que pegassem as corujas uma por uma e botassem sangue em suas cabeças, de forma que Orixalá foi salvo com o auxílio de Ifá.

O Odu aqui descrito anuncia muitas perseguições, inveja e toda sorte de inimizades sem par. Mas com previdência e manejos cautelosos, terá a pessoa para quem se deita esta mesa plena vitória em tudo o que diz respeito a boatos e rivalidades.

3º Ossá

Ebó: muitos preás, peixes assados, xaorôs, ajás etc.

Orumilá teve um desentendimento com Orixalá, cujo resultado foi este determinar que ninguém entre os orixás devia ter contato com Orumilá, de forma alguma. E assim todos eles se isolaram, evitando ter relação com o mesmo. Vendo Orumilá que nem sequer uma quitandeira queria conversa com ele, sentia-se mal com tal desprezo. Um dia, sua mulher o aconselhou a procurar todos os meios para acabar com aquilo, pois era uma situação intolerável para eles.

Então, Orumilá fez o ebó indicado e foi direto à casa de Orixalá, a fim de fazer as pazes com o adversário. Lá chegando, foi anunciado por Exu, que disse estas palavras:

Aqui está um homem que é mais homem do que todos os homens do mundo, mas que está brigando com milhares de pessoas de todas as camadas sociais, sem distinção de idade e sexo.

Orixalá ouviu estas palavras da boca de Exu e foi logo dizendo:

— Quem seria este extraordinário senhor do mundo inteiro?

Replicou-lhe Exu:

— Este é Orumilá, de quem tu estás fazendo pouco. Ele vale muitas coisas perante o mundo. Ora, se todos estão como seus rivais, claro está que ele, Orumilá, é onipotente sobre a terra.

Ouvindo estas palavras, Orixalá perguntou a Exu o que devia fazer para reduzir os poderes de Orumilá. Seu criado o aconselhou que fosse o quanto antes reunir-se com todo o seu pessoal e imediatamente pedir perdão e curvar-se diante de Orumilá, debaixo de toda obediência, a fim de sanar semelhante estremecimento. E que, assim fazendo, ele, Orixalá, reduziria as forças que Orumilá tinha.

Orixalá, sem perda de tempo, mandou chamar todos os orixás e deu-lhes ciência da boa nova em questão, resultando, daí, cada um emitir sua opinião. Ogum disse logo que eles desceriam ao mais baixo degrau do ridículo, se fizessem semelhante coisa. Assim, cada qual disse o que parecia melhor a seu juízo.

Com a energia de chefe de estado, Orixalá debateu as ponderações, mostrando a conveniência do gesto necessário para fazer as pazes com o rival. Imediatamente, marcou-se um dia e hora para irem em conjunto à casa de Orumilá levar palavras de solidariedade. Exu anunciou a vinda do pessoal à casa de Orumilá e lá foram todos de rastos, com Orixalá à frente a lhe pedir perdão.

Daquela data em diante, Orixalá concedeu a Orumilá todos os poderes para ser ele o primeiro e o único que pode resolver todos os problemas da vida, tanto naquela época como até o dia de hoje. Como rei de testa coroada, assim ficou Orumilá sendo aquele a quem se chama e se consulta para tudo.

As partes descritivas que precedem estas linhas falam de habilidade e jeito para se alcançar uma estrondosa vitória sob atmosfera das mais pesadas. Isso está igualmente reservado à pessoa a quem este quadro diz respeito, quando o jogo vem neste caminho. Pode, sem receio, despachar o ebó, que brevemente será senhor ou senhora da situação.

4º Ossá

Ebó: bode, preás, peixes, galos, obi, orobô, atarê, bebida, cebolas, penas de coruja etc.

Assim foi que mandaram Ossaim despachar o ebó citado para ter a posse de todas as forças magnéticas em seu favor, se quisesse que seus desejos fossem uma realidade. Feito o designado, o oluô entregou-lhe as penas e os cabelos para ele fazer uso deles em todos os processos com tal objetivo. Desde esta data, ficou Ossaim com as suas admiráveis magias e grande desejo de aplicá-las.

Para quem se consulta, o episódio mencionado mostra claramente o que indica este caminho em favor dos desejos: pode-se afirmar que a pessoa pode contar com as aplicações infalíveis dos trabalhos de Ossaim ditados neste quadro de Odu.

5° Ossá

Ebó: nove galinhas brancas, efum, ossum, mariô e cabra (quando se pode) etc.

As crônicas registram que no princípio mandaram Orumilá fazer o ebó supracitado, que ele, contudo, não fez. Orixalá, sim, fez tudo o que determinaram no ebó anterior. Num certo dia, velo muita gente que fugia apavorada, mas o chefe e maioral do lugar, como deveria ser, recebeu todos e os salvou das perseguições e eles, em gratidão, entregaram-lhe tudo de valor que cada um deles trazia consigo.

O epílogo indica que foi cumprido tudo como estava previsto, pois estava assinalado que Orixalá haveria de ficar rico quando chegasse uma boa época. Assim, ficou muito próspero no devido tempo.

As versões sublimes historiadas nos versos anteriores atribuem uma melhora de vida para uma vida tão boa e favorável que pode animar-se o consulente à vista de tal mudança. O bom tempo está próximo da pessoa, que será, muito em breve, muito feliz nos seus negócios.

Ofum

Caminhos de Odu

1º Ofum

Ebó: preás, espanador etc.

Foi designado esse ebó para o elefante fazer, a fim de se ver livre das perseguições que os seus algozes lhe moviam constantemente. Feito tudo conforme se determinou, o oluô entregou o espanador ao elefante, para ele espantar as moscas quando estivesse assediado pelas suas perseguidoras.

Atribui-se que, para a pessoa deste jogo se ver em paz e descansada de qualquer perturbação, é de bom alvitre fazer o ebó indicado, a fim de gozar das afirmativas supramencionadas com todas as suas vantagens.

2º Ofum

Ebó: galos, preás, peixes, muitos cascos de catassol etc.

Orixalá fez o ebó para sempre ter vigor e ser aplaudido em todas as épocas. Por isso é que Orixalá sempre se apresenta com asseio e com sublime esplendor em todos os seus atos. Assim, tão grande é a sua glória que a mulher que carregava a criança na barriga não hesitou em pedir ajuda a ele na hora de parir.

Esta peça oratória de Odu traduz que a pessoa para quem se deita este jogo, ou outra pessoa mencionada pelo consulente, poderá ter grave moléstia ou gravidez ou doenças de barriga, mas com tendência favorável à melhoria de saúde e gozo permanente.

3º Ofum

Ebó: igbim, galinhas, efum, ossum etc.

Mandaram etu fazer este ebó para poder ter tudo entre os seus pares, as aves do mato. A galinha-d'angola fez tudo conforme mandaram. Foi recomendado, também, ter boa vontade para com as pessoas com quem se encontrasse pela primeira vez.

Foi quando Orixalá se encontrou com ela no caminho, num dia de manhã bem cedo, e ela ofereceu-lhe de tudo o que levava. Orixalá ficou grato e, entusiasmado com as suas próprias mãos, retribuiu o favor pintando belamente todo o corpo do etu com efum, ossum etc. É por isso que a galinha-d'angola é o animal que mais se presta para mostrar semelhança com Orixalá, mais do que qualquer outro bicho existente, sendo assim de uso extraordinário para todos os efeitos.

Os detalhes antes assinalados registram grande possibilidade de se obter qualquer coisa ou fazer para o benefício próprio, nunca se deixando de cumprir as determinações preceituais.

4º Ofum

Ebó: ovelhas, galinhas, mel de abelhas, preás, panos brancos, muitas penas encarnadas de papagaio-da-costa, efum, contas brancas etc.

As pessoas daquela época anunciavam este ebó para quem quisesse despachar e fazê-lo. Orumilá, sabedor do que se tratava, apressou-se em fazê-lo imediatamente.

Findo o processo do ebó, entregaram a Orixalá os panos para ele fazer um vestuário e as penas do papagaio-da-costa para botar na cabeça. Assim feito tudo, chegou o dia da grande reunião em que todos os orixás se apresentaram.

Orixalá apareceu de uma forma tão maravilhosa em suas vestes novas, como se fosse iluminado pelos raios do Sol. Assim, todos foram se curvando diante de tamanho brilho da aurora nascente, juraram fidelidade e lhe deram tudo o que possuíam, com a palavra de o adorarem para sempre.

Agenor Miranda Rocha

Não é preciso discriminar os benefícios abundantes que se oferecem neste caminho de Odu. Sairá vencedor de todos os obstáculos possíveis, dos quais há de se desembaraçar com máxima facilidade. Este ebó de efum é de uma benevolência inexplicável, quando quer beneficiar a pessoa com quem trata.

Ouorim

Caminhos de Odu

1º Ouorim

Ebó: preás, peixes, um cachorro etc.

Este ebó foi designado a uma mulher que foi um dia à fonte lavar roupa. Lá havia uma outra mulher invejosa que, vendo que ela estava distraída com a sua ocupação, tentou lançar a criancinha da outra numa bacia d'água. Mas outra mulher ainda, ouvindo o choro da criança, correu para ali e tirou a criança de dentro d'água, salvando-a do perigo, antes mesmo de a mãe se dar conta do horror que acontecia. Diante da perversidade dessa rival, levada a efeito no momento em que a pobre mãe de uma inocente criancinha estava ocupada com os seus afazeres, pode se aquilatar o grau da maldade oculta acumulada.

O resumo deste Odu chama evidentemente a atenção para o perigo da perversidade alheia que ataca gratuitamente em certas ocasiões. É de bom aviso que as pessoas interessadas nesta mesa de jogo se acautelem com a máxima reserva de umas certas represálias, vinganças ocultas e maldades humanas. Qualquer que seja a celeuma ou atmosfera carregada, aconselha-se que tenha ânimo e resignação, porque não há nada mais certo do que o destino de cada um na vida. Tranquilize-se, pois as coisas serão infalíveis a seu favor.

2º Ouorim

Ebó: bode, galos, obi, orobô, atarê, bebidas etc.

Diz-se que, no princípio do mundo, foi ordenado às folhas do mato fazerem o ebó para que cada uma pudesse viver confortavelmente o melhor possível. Nenhuma delas cuidou disso, até que Ologamam, a folha da fortuna, tomou a si despachar o tal ebó e logo o fez. Resultou daí lhe serem conferidos todos os poderes mágicos de Ossaim, tornando-se a mais milagrosa folha entre todas as outras. Até hoje brota tão admiravelmente, sendo a folha de maiores efeitos nas ciências ocultas.

Acentua este trecho de ponderações históricas que a pessoa para quem se deita esta mesa, mesmo se vive na precariedade extrema, se com a devida precaução e correta orientação fizer o ebó indicado, terá diante de si situações muito favoráveis às suas pretensões futuras.

3º Ouorim

Ebó: ovelha, galinhas de pintos e qualquer objeto de defunto disponível etc.

Caminhos de Odu

Assinalam as crônicas fabulosas que dois homens opostos um ao outro se encontraram um dia. O primeiro dizia que só ele era capaz de conhecer a prosperidade. O outro dizia que se alguém tem de prosperar, não haverá coisa que desfaça este destino na vida e assim acontecerá mais cedo ou mais tarde.

O primeiro era senhor e o outro, escravo, de forma que um propôs comprar o outro. O cativo, com multa satisfação, submeteu-se a ser o seu escravo. E assim lá se foram os dois, até que um dia o escravo conseguiu juntar um dinheirinho e comprou uma galinha, que mais tarde lhe deu muitos pintos de uma maneira invejável. O senhor, vendo que destarte o seu servo teria algumas vantagens, um dia, inesperadamente, matou os pintinhos e também a galinha mãe.

Qual não foi a surpresa e o desgosto do pobre escravo ao chegar da roça onde ia trabalhar todos os dias para o seu senhor. Mas não disse nada. Limitou-se a louvar a Deus, conformado com a sua má sorte no momento. Tornou a comprar uma ovelha e mais tarde este animal teve diversos filhotes. Num dado dia, o perverso senhor de novo matou a ovelha e os filhotes. Vindo o escravo da fazenda do seu senhor, deparou-se com aquele ato de perversidade e disse que, se alguém tem de prosperar, não há empate para esse fim.

O senhor riu a valer desse ditado do servo. O escravo, resistente na sua inabalável fé, animado no sonho dourado do futuro, sentia-se satisfeito cada vez mais na sua convicção. Conseguiu, ainda, mais uma vez, juntar uma certa quantia para o seu pecúlio.

Um dia, inesperadamente, apareceu um pessoal numa das praças mais movimentadas da cidade a oferecer a ossada de um príncipe que tinha perecido na guerra e cujos despojos eles tinham por dever levar ao seu rei. Mas como sentiram falta de recurso para viajar, resolveram vender os ossos e dividir entre eles o produto. Quem comprasse os ossos e os levasse ao rei, seria bem recompensado.

O senhor de escravos, sabedor do ocorrido, apressou-se em oferecer dinheiro para efetuar tal compra, e comprou os restos mortais da pessoa alheia. Quando o escravo chegou do campo, o senhor pessoalmente o fez ciente de que tinha aproveitado o seu dinheiro para a compra de uns ossos de defunto. O pobre escravo ficou mudo de tão sentido, mas, caindo de novo em si, replicou que aquele que tivesse que prosperar não deixaria de prosperar de jeito algum.

O escravo, tendo consultado o oluô, fez o ebó prescrito. Pegou as ovelhas, abriu-as e moqueou-as, guardando a carne no teto da casa, como fez com a galinha de pinto e as ovelhas. Passado algum tempo, o rei mandou anunciar que, se alguém tivesse galinha de pintos moqueados já de três anos, que usasse para despachar um ebó que saiu no jogo feito para o rei, para que cessasse a epidemia que grassava naquela época.

O escravo apressou-se em apresentar-se ao rei, levando a galinha e os pintos que tinha assado há mais de três anos, e este gesto foi de tamanho benefício humanitário pela salvação pública que o rei determinou que separassem um terço do seu território, que foi doado ao escravo para que ele recebesse os devidos impostos e tributos. Assim ficou sendo o agora ex-escravo, da noite para o dia, o senhor feudal daquela terra, e seu antigo senhorio ficou sendo seu humilde servidor.

Pouco depois, houve novo anúncio: quem tivesse ovelha assada já de três anos devia se apresentar ao rei de uma nação vizinha. O ex-escravo, previdente de novo, ofereceu as ovelhas assadas que havia muito tinha guardado. Com isso, o rei mandou fazer um ebó pela grave enfermidade que atormentava o seu povo. Fez vir à sua presença o felizardo cativo de outra época e ordenou que, daquela hora em diante, ele dominaria também um terço daquele reino. Seu antigo senhor, não tendo mais o que comer, deu a ele a velha ossada do príncipe em troca de comida, pois os ossos inúteis eram tudo o que lhe restava.

Assim se conta, foi sucessivamente aparecendo outro aviso, solicitando a apresentação de qualquer pessoa que tivesse os ossos do príncipe que falecera na guerra havia tempo. O grande e vitorioso servo perseguido de outros tempos foi informado e sem demora apresentou a ossada do príncipe, em cuja compra o seu ex-senhor empregara todo o seu rico dinheiro quando ele era escravo. Não é necessário dizer que fizeram dele um dos maiores da terra, não só lhe fizeram grandes donativos materiais, concederam-lhe grande poder sobre a nação.

Assim ficou o escravo sendo um dos felizes sobre a terra. É de se notar que esse mesmo escravo não quis ser dono de seu antigo senhor. Ao contrário, ficou-lhe querendo muito bem e sempre declarava a todas as pessoas que o cercavam que ele tinha chegado àquela posição graças às malvadezas do senhor e graças à inquebrantável e constante disposição que o encorajava em todos os instantes. Portanto, ele tinha por dever considerar o seu ex-dono como um dos fatores da sua prosperidade na vida. E eles ficaram amicíssimos daquela hora em diante.

A base assinala tantas perseguições irritantes e indesejáveis transformadas no final em benefícios exclusivos aos reais proveitos. Não é necessário mencionar e advertir a pessoa que consulta esta mesa vindo neste Odu que, agindo com calma e coragem, chegará a um fim vitorioso, qualquer que seja a emergência ou assunto em causa. Embaraços e dificuldades oriundos de todas as premeditações não passam de simples obstáculos que, mais tarde, facilmente desaparecerão por força do ebó, com toda a probabilidade de vitória sobre as perseguições e maiores dificuldades da vida.

4º Ouorim

Ebó: muitas galinhas, preás, peixes assados e muitos metais com bastante dinheiro.

Oxum estava muito mal de vida. Um dia, aconselharam-na que fosse à casa de pessoa entendida na matéria. Lá chegando, determinaram que fizesse o ebó indicado, a fim de melhorar de situação. Dito e feito, ela levou o tal ebó depois de pronto para uma parada à margem de um rio corrente. No outro dia, lá voltando, ela encontrou todo aquele azeite transparente transformado em metal amarelo, ouro. Por isso, até hoje, entre todos os orixás, Oxum é a mais rica em metal de ouro e em tudo a mais próspera.

A análise tem um prognóstico tão fácil de ver. Tendo a pessoa bastante necessidade de tudo na vida, estando, assim, num estado tão precário, fazendo o despacho designado e tendo toda a disposição de lutar pela vida, terá proximamente uma posição de conforto.

5º Ouorim

Ebó: carneiro, galo, galinha, cabra, pombos, obi, orobô, atarê, búzios da costa etc.

Dizem que Dadá Ouorim foi o único que fez o ebó com toda boa vontade e disposição. Quando acabou de fazer o despacho, mandaram-na botar muitas panelas cheias de milho no fundo da casa, deltando-se aqueles búzios da costa dentro do milho no lugar já indicado. Qual não foi a surpresa ao ver, depois, as panelas cheias de dinheiro de todas as espécies! Assim ficou naquela época este orixá mais endinheirado do que todos os outros orixás.

Se tiver a pessoa bastante empenho, haverá de se tornar senhor de posição de realce financeiro, conforme indica o Odu que vem neste caminho.

Ejila-Xeborá

1º Ejila-Xeborá

Ebó: carneiro, galo, corda e pólvora etc.

Está registrado na história que, na terra de Tapa, apareceu um mancebo escravo que exercia a profissão de cortador de capim do seu senhor. Quando morreu o rei Alafim, toda a família real ficou confusa, anarquizado o país, não se sabendo o que fazer para resolver o problema da sucessão. Então, alguns dos príncipes dirigentes defenderam a ideia de se preferir pessoa alheia ao sangue real para assumir o posto de rei.

Assim se fez, empossando por ato de uma revolução o mancebo escravo de nome Xangô. Desde esta ocasião, muitas pessoas não ficaram satisfeitas com semelhante escolha. Se entre tantos generais e homens guerreiros que tinham prestado grande serviço à nação nenhum deles servira para este posto, como pôde este simples aventureiro Xangô ser feito rei?

De forma que Xangô, vendo-se sem prestígio para dirigir seus concidadãos, procurava por outros meios e maneiras que lhe permitissem dominar seu povo. Alguém lembrou-lhe que mandasse adquirir alguma coisa que servisse de admiração junto ao povo e que, ao mesmo tempo, provocasse o terror, pois assim ele seria poderoso diante deles.

Imediatamente, Xangô mandou Oiá, uma das suas mulheres, a que era de sua maior confiança, à terra de Bariba fazer um trabalho mágico. Quando ela voltou, ele botou na boca o artefato que ela trazia, e sempre que ele abria a boca, dela saía fogo.

Xangô começou a fazer uso desse objeto para o terror alheio. Quando ele falava, lhe saía fogo pela boca, mas o mesmo fazia a sua esposa, até que Xangô zangou-se muito, pois ela estava tirando o valor do dito prodígio. Seus amigos, contudo, advertiram-no de que não caísse na asneira de expulsá-la de casa, pois isso seria uma grande desmoralização para ela, que então continuaria a fazer outras coisas com o propósito de aumentar o descrédito dele. Ao contrário, ele deveria estar sempre com ela junto de si, para tudo, na vida e na morte. Ele aceitou os conselhos dos amigos.

Nesse ínterim, um dos generais mais valentes que havia no reino, de nome Gbaka-eberi, entrou um dia no palácio e ameaçou o rei Xangô, dizendo que o fogo que ele, Xangô, costumava deitar boca afora era uma impostura. Xangô o chamou em resposta para uma luta de morte na praça da cidade.

Começaram a luta na hora marcada. Travaram a luta os dois valentes até que um matou o outro. Um homem de nome

Caminhos de Odu

Timi-olofa-im, lá pela tarde do mesmo dia, juntou-se aos que iam dar os parabéns a Xangô por vitória ganha, por ter-se livrado de um dos maiores opositores.

Quando todas as pessoas de título estavam dando parabéns a Xangô, apareceu o tal general Timi-olofa-im dizendo que Xangô devia retirar-se Imediatamente do palácio, pois estava deposto do reinado, já que as chamas que botava pela boca tinham incendiado e destruído a cidade, para o desgosto de todos. Ditas essas palavras, secundado pelo pavor, Xangô saiu pelo fundo do palácio e foi seguindo pelos arrabaldes da cidade sozinho, a não ser Oiá, sua fiel amiga, que o aconselhou que era melhor ele se enforcar do que passar semelhante vergonha.

Para este fim, ela promoveu o meio imediatamente e ela também desapareceu deste mundo. Todas as pessoas que por ali passavam viam um cadáver, até que os amigos de Xangô deram-lhe o necessário fim. Daí, então, ninguém das pessoas de amizades de Xangô podia sequer respirar, pois era logo linchado numa praça pública.

Então, alguns seguidores de Xangô mandaram um representante à terra de Bariba buscar qualquer coisa de efeito admirável e que impusesse respeito a todos. Assim conseguiram arranjar um trabalho de Ossaim que botaram nas casas, começando, assim, a queimar a cidade inteira. Todos ficaram confusos e atemorizados, até que um dos partidários de Xangô anunciou que aquilo era castigo ao povo, por terem feito aquilo com Xangô. Que ele tinha subido ao céu e que agora fazia justiça para com os seus algozes.

Diante disto, todos imploraram misericórdia e os doze conselheiros do divino Xangô, seis para cada lado, constituíram-se em uma maçonaria, que é o conselho dos doze Mogbás, criado em defesa da causa que valoriza o nome de Xangô, que veio a ser o orixá mais aplaudido no território dos iorubás até os dias de hoje.

A abundante narração da história da vida de Xangô é tão empolgante no princípio como triste no fim. Não é preciso ventilar muitas ideias para tirar-se a conclusão precisa de que este Odu vindo neste caminho é tão perigoso e de tal maneira horripilante, mas que, mesmo assim sendo, não falte ânimo, pois, no final, o que temos são os dias gloriosos, qual o nome registrado para muitas gerações vindouras.

Assegura esta mesa que as máximas peripécias no começo da vida são como etapa necessária para se chegar à majestade e que todo aquele que colabora com sinceridade e constância há de ter o amparo misericordioso.

2º Ejila-Xeborá

Ebó: galos, preás, bodes etc.

Acentua a história que houve um homem que tinha por costume e por bravata dizer e falar horrores de tudo e de todos. Assim, entende-se que esse homem tanto falou que suas histórias um dia chegaram aos ouvidos do rei, que o intimou a vir à sua presença para depor. Lá chegando, o dito homem reafirmou todas as suas bravatas e acrescentou mais o seguinte desafio: se o rei quisesse ver suas proezas, que mandasse cavar duas covas, pondo nelas sete inhames assados na presença de todo o público e, daí a doze dias, esses inhames assados grelariam todos com folhas.

Isto causou grande admiração no espírito público e assim o rei e todos aceitaram a proposta. O rei marcou dia e hora e o falador ficou naquela preocupação de como sair daquela situação de risco de vida, indo então à procura de um oluô capaz de atender ao assunto. Aconselharam a fazer o ebó supra.

Feito tudo, Exu apareceu ao homem e combinaram o que ambos tinham para fazer no caso. Ele, acompanhado de Exu, seguiu para o local onde o rei plantara sete inhames em covas que estavam guardadas dia e noite pelas forças do rei. Exu ia na frente, o homem ia atrás. Quando chegaram, Exu apressou-se em dizer aos guardas que tinham visto uma coisa extraordinária, nunca vista na vida, e começou a apontar para uma cocheira de gado que havia defronte.

De fato, todos voltaram as vistas para aquela direção e viram vacas pastando no telhado da cocheira. Isso pasmou todos os presentes, que ficaram com os olhos grudados nas vacas do telhado. Enquanto isso, orientado por Exu, o homem plantava os inhames já com grelos e folhas nos ramos. De modo que, quando os guardas se lembraram de seus postos, já estavam os inhames assados das covas substituídos por outros já grelados e com folhas.

Assim que amanheceu o dia, os guardas apressaram-se em ir comunicar ao rei que os inhames assados haviam grelado, sem ajuda de ninguém, conforme eles testemunharam. Foi uma verdadeira surpresa. Então, no dia marcado, apareceu o homem perante o rei e perguntou se tudo o que prometera fazer não estava feito. O rei, sem perder tempo, mandou gratificar o mesmo, de forma que ficou o tal homem muito rico pela sua audácia sem par, como é próprio da vida dos aventureiros.

Não preciso ir muito além para interpretar que a pessoa para quem se deita este quadro de Odu, especificado neste caminho, está protegida para agir por meio da astúcia audaciosa e próspera, podendo, por seu meio, atingir os fins precisos.

3º Ejila-Xeborá

Ebó: pombos, gorros ou chapéus de cabeça, preás, peixes etc.

Diz a história do princípio do mundo que duas crianças nascidas numa cidade daquele tempo, por caprichos da sorte, foram vendidas separadamente para muito longe daquelas paragens. O primeiro foi vendido para um convento de padres, tornando-se muito estimado deles. O seu senhor queria-lhe muito bem e na hora da sua morte deixou-lhe por testamento tudo o que aqueles frades possuíam e ele assim tornou-se o senhor mais rico daquela terra. A outra criança que também fora vendida seguiu para o convento de freiras, tornando-se bastante estimada por elas. Um dia, morreram todas as freiras, ficando para ela todos os haveres que elas possuíam em vida. Assim ficou esta muito rica, a ponto de ser a senhora mais importante do lugar.

Estes versículos dizem que há os que passam uma vida amargurada, mas que terão paradeiro, se souberem atuar com resignação, moderação e capacidade. É muito favorável o futuro próximo, por mais que seja duro o presente.

4º Ejila-Xeborá

Ebó: carneiro, galo, galinha e tudo de doce etc.

Está registrado que havia um casal de filhos, sendo o primeiro muito estimado pelo pai e o segundo mais estimado pela mãe. Foi designado o ebó citado para ser feito para ambos, a fim de serem felizes na luta pela vida que tinham pela frente. Porém, a mãe, que dava preferência ao mais moço, forçou o mais velho a fazer sozinho o despacho daquele ebó. E só ele foi feliz na vida.

Como não existe ventura sem preço, esta mesa aconselha a pessoa para quem se delta sagacidade na maneira de tratar a vida, cada um cumprindo a exigência de seu posto e seu lugar, Ninguém é feliz deixando para o outro a sua obrigação.

5º Ejila-Xeborá

Ebó: carneiro, galos etc.

Dizem que Xangô fez sete vezes o ebó designado, enquanto Egungum Orô nem pensou em tal assunto. Assim, quando Orô saiu a dançar, todos acharam multo bonito, mas fugiram todos dele com medo quando ele começou a berrar. A cidade ficou deserta, sem uma só pessoa na rua.

Xangô, que foi o único que fez o ebó, ao contrário, quando saía à rua, todas as mulheres locais o presenteavam com ojás e muitas roupas finas, até que, por fim, resolveram pô-lo no trono como rei, depois de ele ter conquistado quase todas as mulheres daquele local.

Não se necessita de grandes premonições para se aproximar do que diz este caminho. Quando o Odu vem neste ramo é para demonstrar que a humanidade aprecia, auxilia e estimula o talento e a resistência dos mais audaciosos.

Ejiologbom

1º Ejiologbom

Ebó: preás, peixes, galos e cabra etc.

Orumilá era tido como um dos maiores sábios daquele tempo, até que, um dia, sua mulher o mandou comprar na feira, onde ele costumava ir aconselhar a sua clientela, um escravo que custasse no máximo uma certa quantia que ela lhe dera.

Saiu ele de casa, seguiu o rumo do mercado e a certa distância encontrou muitas pessoas pescando no rio. Cumprimentou a todos e todos lhe responderam. Ele disse que seria capaz de dizer a quantidade de peixes que já haviam sido pescados. Isso motivou a descrença geral, pois ninguém pode jamais adivinhar a quantidade de peixes existentes nos mares. Ele replicou com estas palavras:

— Existem duzentos e um peixes, contados com toda a certeza. Se alguém duvidar, pode casar aposta comigo já, porque sou o vencedor.

Ditas estas palavras, mandou verificar e de fato encontraram duzentos e um peixes. Então, disseram-lhe que todos os peixes eram dele e ele ordenou que enterrassem todos no chão e que marcassem o local com folhagem verde, que, na volta, ele os pegaria.

Continuou sua viagem até que, mais adiante, encontrou um bocado de gente fazendo gamboa para pegar preás. Cumprimentou a todos e perguntou o que estavam fazendo. Responderam que estavam cortando capim e fazendo cerca para pegar preá. Ele se apressou em dizer que podia falar quantas preás já tinham eles apanhado. Os homens duvidaram e ele disse que já tinham apanhado duzentas e uma preás. Como era isto o fato, todos lhe pediram que ficasse com todas as preás. Orumilá ordenou que as enterrassem e marcassem o lugar com folhas verdes para não o perder de vista. Depois, ele recolheria as preás.

Seguiu ele, chegando à feira onde costumava ir e logo viu um menino escravo à venda. Este pediu que ele o comprasse com o dinheiro que sua mulher lhe dera, e foi logo dizendo que a importância que ele trazia para essa compra era tanto. Orumilá ficou pasmo com o prodígio e viu-se obrigado, senão envergonhado, a comprar o escravo que adivinhara tudo.

Orumilá pediu a uma pessoa na barraca da feira que deixasse que o mancebo ficasse ali até a tarde, quando ele regressaria e levaria o criado para casa. Assim que o seu novo senhor virou as costas, o menino contratou carregadores e foi certeiro nos lugares onde estavam os peixes e preás enterrados, os quais foram desenterrados e levados para a casa de seu amo. Lá chegando, foram enviados convites a todas as pessoas conhecidas de Orumilá, até mesmo músicos, para virem para uma festa.

A mulher de Orumilá ficou pasma de ver aquele menino entrar casa adentro e dirigir tudo aquilo, sem nunca ter estado ali antes. Chegando a tardinha, Orumilá foi ao encontro do pequeno que tinha deixado à sua espera na feira e, lá chegando, não o encontrou. Que susto para ele, que começou a lamentar consigo mesmo a vergonha que passaria diante de sua mulher, voltando sem o escravo e sem o dinheiro, que ela lhe dera para tal fim.

Orumilá veio todo triste por todo o caminho de casa, mas ao se aproximar da sua residência, percebeu que havia festa em sua casa. Logo veio ao seu encontro o tal escravo que lhe perturbava o sossego de espírito acompanhado de outras gentes, dizendo que podia ficar tranquilo, que ele já tinha apressado a vinda dos peixes e preás para casa.

Orumilá estava muitíssimo admirado com esse miraculoso escravo, que o surpreendia com coisas que ele nunca vira em sua vida. Desta data em diante, a fama do servo correu mundo, até chegar aos ouvidos do rei do lugar, que um dia mandou anunciar uma conferência para verificar se era verdade o que corria sobre o tal criado. Dele se falava que, quando qualquer pessoa ia chegando à casa do olhador, o menino ia logo dizendo o nome e tudo o mais da vida da pessoa, de uma forma admirável.

No dia designado, Orumilá chegou ao palácio do rei. Este já tinha mandado construir uma casa toda fechada de cimento armado e botado dentro da dita cem homens, mandando decapitar as pessoas que construíram a casa para não revelarem o segredo que tinha dentro dela. Então, o rei ordenou a Orumilá que adivinhasse o que tinha no interior da casa. Orumilá mandou o menino responder tal questão em primeiro lugar, o que o menino fez, dizendo, antes, lamentar aquela situação que o rei criara para desmoralizar um sábio decente do quilate de Orumilá, mestre dos mestres. Pois o que o rei queria era estabelecer um confronto entre ele, o mancebo, e o grande sábio. Pois, então, ia ele dizer o que existia na dita casa misteriosa: eram cem homens que o rei mandara fechar nela, só para que o seu senhor adivinhasse.

Orumilá, então, sem vacilar, retrucou dizendo que o que existia dentro da casa eram duzentos e um indivíduos vivos e perfeitos. O rei disse que ele, Orumilá, não sabia nada, e que o menino já tinha descoberto o que tinha dentro da casa. Mas Orumilá não se conformou com isso e disse:

— Se eu ainda sou babalaô, de hoje a cinco dias venho assistir à abertura desta casa. Até lá, peço que ninguém vá bulir com ela, deixando como está até o dia marcado.

Orumilá, sem perda de tempo, chegando a sua casa, consultou o seu anjo da guarda sobre a forma de sair-se livre daquela situação. E foi indicado o ebójá referido para ele fazer com uma rã. Feito tudo, ele cavou um buraco dentro de sua casa e enterrou os objetos servidos para tal fim.

Quando venceu o prazo, no dia e na hora, na presença de todos, Orumilá ordenou que destrancassem a dita casa e de dentro dela foi saindo cada homem com um filhote de rã no ombro. Saíram de dentro da dita casa cem homens, cada um com uma rãzinha no ombro, até que, por fim, saiu uma rã bem grande, que era a mãe das demais rãs. Somados, saíram da casa duzentos e um indivíduos. Com essa magia, convenceu-se o rei do saber de Orumilá. Disse o rei que acabava de reconhecer que o babalaô não somente adivinhava, mas tinha o saber de fazer e desfazer tudo quanto quisesse resolver.

Não se necessita de grande esforço para uma compreensão analógica sobre a pessoa a quem se refere a mesa indicada nesse caminho de Odu. Para quem é sempre previdente e sempre obstinado em suas ideias, se prediz ser feliz por meio da astúcia e da sagacidade, em tudo o que for possível obter ou vencer.

2º Ejiologbom

Ebó: carne de galinha, galos, boi, carneiro, enfim, de tudo o que sirva de carniça para o urubu comer etc.

Diz-se que antigamente estava o povo de uma cidade assolado por cizânia anárquica e que ninguém se entendia, com desordem por todos os cantos. Então, resolveram conferir o ebó já mencionado para restabelecer a paz e a concórdia. Dito e feito, as coisas chegaram aos seus devidos lugares.

Quando o Odu indica esse caminho, diz-se estar numa desinteligência, com vexame por todos os lados. Mas fazendo com a devida consideração o que se determina, a pessoa, provavelmente, estará, em breve tempo, livre e fora de semelhante situação.

3º Ejiologbom

Ebó: etu, cágado etc.

Um dia, mandaram o macaco fazer ebó. Ele que tivesse mais cuidado em verificar bem a quem ia fazer qualquer sorte de bem, para não se dar mal com isso. Imediatamente, o macaco fez tudo o que mandaram.

Certa feita, a onça, vendo-se caída na armadilha, já estando havia muitos dias sem comer, berrava de fome com gritos lancinantes. Foi quando o macaco aproximou-se dela, e esta lhe rogou que a salvasse daquele buraco do abismo. Condoendo-se daquilo, o macaco, sem hesitar, desceu pelos ramos dos cipós e lá embaixo esticou a cauda para a onça segurar. Então, outros macacos puxaram o primeiro e assim por diante até que a onça saiu do buraco da morte. Mas a onça, depois de estar fora, não queria soltar o macaco, dizendo que já estava havia dias sem comer e que ela não era nenhuma boba para deixar semelhante caça ir embora assim.

Reuniram-se todos os animais do mato para resolver o caso e um deles teve a ideia de mandar o cágado, que era muito astucioso, arranjar um meio de soltar o macaco das garras da onça. Lá se foi o cágado.

Diante da onça e do macaco preso, disse o cágado que queria ouvir aquela história para poder julgar. Disse que primeiro queria ouvir a versão do macaco. O macaco narrou todo o acontecimento e a ingratidão da onça para com ele. Findo o discurso, disse o cágado ao macaco:

— Você contou o seu depoimento. Agora, bata palma com as duas mãos e esfregue no chão, porque é assim que se costumava fazer neste caso.

O macaco fez tudo como o cágado tinha determinado e foi a vez da onça dar a sua declaração. O cágado fez a mesmíssima advertência. O protocolo devia ser rigorosamente obedecido. Quando a onça acabou de falar, o cágado, arvorado em juiz, ordenou que batesse palmas e limpasse as mãos no chão.

Dito e feito. Foi o tempo que o macaco teve para se ver livre das garras da onça e correr apressado pelo mato afora. A onça foi atrás do macaco, mas não o podendo encontrar, voltou e surrou o cágado até arrebentar o pobre bicho todo, tanto que foi preciso que as formigas aplicassem um remédio para curá-lo e grudar de novo seu casco quebrado pela onça.

Caminhos de Odu

Este caminho de Odu fala que os préstimos para servir alguém podem trazer um certo vexame, mas, no momento propício, por justiça, a pessoa ficará além disso tudo, pois, como se costuma dizer, a verdade nada em cima da água. Antes fazer o bem do que o mal. As virtudes estão com quem praticar o bem.

4º Ejiologbom

Ebó: carneiro, galo, espada e chapéu de cabeça etc.

No princípio do mundo, eram as mulheres que intimidavam os homens, Iansã, ou Oiá, foi quem inventou o segredo ou a maçonaria de Egungum em todas as partes e formas e foi ela que pôs as mulheres à frente dos homens.

Assim, quando as mulheres queriam escorraçar os maridos, reuniam-se numa encruzilhada com Iansã à frente. Ao pé de uma arvore, Iansã mantinha um macaco vestido com roupas apropriadas, que fazia cenas admiráveis, capazes de assustar todos os homens, mantendo, assim, o poder das mulheres.

Um dia, os homens deliberaram que tinham de acabar com semelhante vergonha. O babalaô mandou Ogum fazer o ebó já indicado e, depois, se meter num grande chambre, trazendo nas mãos uma espada.

Assim fez Ogum num dia em que todas as mulheres estavam reunidas para a cerimonia habitual. Na hora apropriada, Ogum, que já estava preparado, apareceu a elas de repente, como um vulto tão assombroso, que Oiá, a cabeça da reunião, foi a primeira a fugir. Outra correu tanto que desapareceu para sempre da face da terra. Mais tarde, chegou ao conhecimento de todos a notícia daquela covardia, conquistando os homens para si o poder que era então das mulheres.

Destarte, ficaram os homens dominando as mulheres até hoje, não consentindo que elas participem do segredo do oluô, qualquer que seja a sua natureza, a não ser alguma mulher excepcional, conforme exista alguma ainda no território iorubá. É o dizer que não há regra sem exceção.

Esta fábula tão engraçada dá a prova sobeja de que a tática e o manejo elaborados com sagacidade perfeita e sã trazem a possibilidade de um progresso. Este caminho aconselha a resistência para se chegar a mudar tudo numa direção favorável e de acordo com as intenções.

Caminhos de Odu

5º Ejiologbom

Ebó: galinhas e tudo de valor indispensável à matéria etc.

As lendas registram que, em certa ocasião, deu-se um roubo muito grande, que chegou a abalar diversas cidades, havendo muito esforço para se descobrir a quadrilha dos ladrões causadores de semelhante atentado aos haveres alheios. O assunto foi de tamanha monta que o rei anunciou uma conferência sobre a questão.

De todos os lugares vieram sábios para consultar e discutir sobre a melhor maneira para se descobrir o paradeiro dos ladrões e dos objetos roubados. Então, informaram ao rei que ele tinha um grande sábio em sua terra e não precisava mais se incomodar com aquilo. Sem demora, o rei o fez vir à sua presença e lhe disse o que queria dele. O tal sábio, que já tinha o ebó designado no princípio, não se fez de rogado. Respondeu afirmativamente, dizendo que ele com muito prazer aceitava a incumbência de descobrir perante todos os respectivos larápios.

Pediu ao rei que lhe concedesse o prazo de trinta dias para resolver o problema em foco, o que foi concedido. Voltou ele para casa muito pensativo sobre o que havia sido prometido, mas, de fato, ele não sabia o que devia fazer para resolver o caso.

No primeiro dia, ele pegou um caroço de milho e pôs numa lata, como contagem do primeiro dia dos trinta que transcorria. A quadrilha soube que o rei havia incumbido aquele homem de descobrir os furtos e, ciente de que ele tinha a fama de ser um dos mais peritos na época, mandou um dos ladrões ficar de espreita junto à janela da casa do homem. O vigia ouvia a voz do homem dizer dentro da casa que já conhecia um dos ladrões, e ouviu quando ele atirou o milho dentro da lata. Ele via a segurança com que o homem andava de cá para lá e sentiu medo de ter sido descoberto. No dia seguinte, mais um ladrão veio observar os fatos estranhos que aconteciam na casa do oluô. Ambos ouviram quando ele jogou o milho na lata, dizendo que aquele era o segundo.

Assim sucessivamente, cada dia vinha mais um dos ladrões ouvir o homem falar da quantidade de ladrões que ele já tinha descoberto. Quando chegou aos treze dias, com a presença dos treze ladrões junto à janela, os próprios larápios resolveram ir diretamente ao homem adivinhador pedir que ele não lhes revelasse os nomes às autoridades. Fariam tudo para não ser castigados.

No dia seguinte, o oluô foi ao palácio do rei comunicar que não precisava mais do prazo de trinta dias para resolver o problema, pois já estava senhor de todo o ocorrido. Pedia, porém, ao rei, misericórdia para os ladrões a quem ia denunciar, afirmando que os ladrões estavam dispostos a devolver o produto do roubo. O rei prometeu fazer o melhor possível e o oluô fez vir à presença do rei todos os ladrões, que entregaram os furtos quase que intactos, o que causou uma grande comoção junto ao público. O rei, então, devolveu os objetos roubados aos seus donos e, em seguida, gratificou o sábio com muito dinheiro. Todas as pessoas que dispunham de recursos fizeram o mesmo, de forma que ficou ele rico e com o título de primeiro conselheiro da coroa.

Indica esta mesa, neste caminho, que é conveniente à pessoa ou às pessoas para quem se deita o jogo fazer muito esforço para obter o necessário à subsistência.

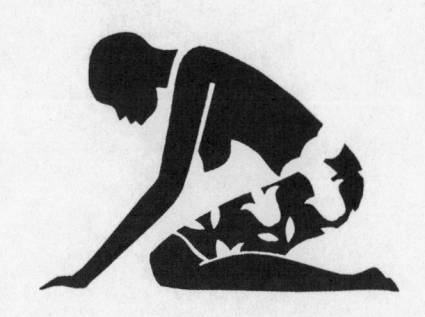

Icá

1º Icá

Ebó: galinhas, preás etc.

Os filhos de Orixalá, junto com outros meninos traquinas, haviam se tornado o terror da zona em que moravam. As roças e os quintais alheios não ficavam em paz, sem que esses meninos vadios não viessem invadir e bulir em tudo. A coisa chegou a tal ponto que Orixalá se viu obrigado a procurar um jeito de tirar as crianças dessa traquinagem.

Orixalá, então, levou o ebó supracitado para a casa de Orumilá, fazendo-se acompanhar de todos os seus filhos. Para eles ajudarem no despacho designado, deviam ficar recolhidos por uma noite e um dia. De fato, quando todos chegaram à casa de Orumilá, ele ordenou que os filhos do amigo fossem recolhidos, para fazer o que tinha de ser feito. Os meninos protestaram, mas não tinham como se livrar da obrigação.

No dia seguinte, os meninos vadios da vizinhança de Orixalá, como de costume, foram brincar e, não encontrando os filhos de Orixalá, seguiram para a roça e os quintais alheios sem eles. Foi quando um dos donos deu um tiro na árvore em que eles estavam trepados, fazendo com que todos caíssem com o susto, quebrando braços e pernas, esfacelando cabeças etc. Assim, eles todos ficaram inutilizados de uma forma desastrosa.

Os filhos de Orixalá, que estavam recolhidos para o ebó, livraram-se do acontecido, vindo mais tarde a ser homens de bem perante a sociedade.

Este Odu nesse caminho diz que é bom muita cautela para evitar desastre, perversidade, malvadeza e propósitos com fim de vingança oculta por motivos fúteis.

2º Icá

Ebó: preás, galos etc.

Havia dois camaradas, ambos bons babalaôs, que resolveram ir um dia para uma paragem arranjar alguma freguesia. Lá chegando, o primeiro foi sendo menos procurado do que o segundo, o que bastou para que o companheiro em desvantagem arquitetasse um plano maligno, uma vingança oculta.

No caminho de volta, os dois entraram numa canoa com tudo o que cada um pôde obter. Em dado momento, aproveitando-se da distração dos canoeiros, o primeiro empurrou o companheiro para dentro d'água e, em seguida, começou a gritar que o companheiro havia caído ali, fazendo-se de inocente. Mas o companheiro de viagem tinha feito o ebó antes da viagem e com facilidade se safou do afogamento. Já para com o segundo, que quis afogar o colega, a providência divina, que não dorme, foi menos clemente. Quando eles já tinham atravessado o rio e depositado os seus bens à beira d'água, os peixes vieram e levaram todos os bens do adivinhador invejoso.

Diz o adágio que não vale a madrugada quando a noite é de Lua. A análise que fica aqui adverte a pessoa a quem se dirige esta mesa a ter cautela e evitar uma situação de confusão e inveja.

3º Icá

Ebó: preás, galos e tudo o que a boca come etc.

Este ebó foi o que saiu para todos os animais fazerem, a fim se verem livres da onça e outros bichos ferozes existentes no mato. A onça passou o dia a espreitar os macacos e, quando chegou a noite alta, ela correu para devorá-los. Mas os macacos estavam em outras partes, muito longe dali. Assim, dessa data em diante, os macacos não dormem no mesmo lugar onde passam o dia, a fim de evitar surpresa dessa natureza.

Com estas linhas, fica recomendado que a pessoa deve, para evitar perigo provocado por capricho alheio, afastar-se da sua residência pelo menos uns poucos dias, para poder aproveitar alguma vantagem momentânea.

4º Icá

Ebó: tudo o que for possível obter para tal fim.

No começo dos tempos, mandaram todos os Odus fazerem um despacho, porém nenhum deles tomou em consideração a dita determinação. Entre todos os Odus, somente Icá fez o despacho citado. Por isso, Ajaloum, o Criador do Mundo, concedeu-lhe a graça segundo a qual todo e qualquer ebó feito em cima da Terra, em que não se chamar pelo nome de Icá, não terá resultado satisfatório, qualquer que seja o caso.

Esta parte do Odu indica que a pessoa haverá de ser apreciada por muita gente em reconhecimento pelo seu valor próprio e prestígio pessoal, em todas as fases e momentos.

5º Icá

Ebó: cabras, galinhas e peixes assados e encolhidos etc.

A história conta que havia um homem muito pobre, quase um mendigo, de tão paupérrimo. Então, certo dia, resolveu ir consultar em casa de pessoa competente na matéria e mandaram-no fazer o ebó acima indicado, com todo rigor de estilo. E esse homem, que não podia fazer o tal despacho, conforme pode-se concluir por sua situação financeira, mesmo assim não deixou de fazer tudo.

Horas depois de tudo feito, caminhavam o mais milionário do lugar e este pobrezinho na mesma rua. Foi quando Exu chamou a atenção do arquimilionário para ouvir o que aquele pobre dizia. Apontando com o dedo, o homem insistia em ridicularizar todos e tudo daquele lugar de uma maneira tão deprimente que o milionário sentiu-se desfeiteado e não vacilou em chamar pessoalmente a atenção desse mendigo audacioso, por querer desfeitear as pessoas mais poderosas daquela terra. Mas o mendigo fazia de conta que não percebia a presença do homem rico, continuando a dizer que ninguém era tão poderoso como dizia ser, que ninguém era suficientemente poderoso para ajudar um mendigo como ele etc.

O rico aproximou-se do pobre e indagou se sabia com quem falava. O mendigo respondeu que não via ninguém, senão ele mesmo. Ora, essas palavras magoaram muito o milionário que disse ao mendigo que ele tinha poder suficiente para melhorar a sua sorte naquele instante, pois queria mostrar a ele o seu valor. Retorquiu o tal mendigo nesse dia pagão que não via ninguém capaz de ajudá-lo, ninguém suficientemente poderoso para isso. O potentado irritou-se mais ainda com a insolência do pobre que o ignorava. Mas Exu, que estava satisfeito com o ebó e queria ajudar o pobre homem, dizia ao ouvido do milionário que não tolerasse semelhante desfeita vinda daquele tipo de gente, que estava se deixando vencer pelo mais fraco. O rico dirigiu-se novamente ao pobretão:

— Vou te mostrar quem sou e o que valho na terra em termos de riqueza, senhor. Vou te fazer feliz e verás como sou poderoso.

Então, deu o braço ao mendigo e foi passeando com ele por toda a cidade, nas principais ruas e principais praças, até que todos foram vendo o rico com o pobre que, desde esse momento, passou a ser considerado como um dos homens de crédito inabalável daquele lugar, pois, se não o fosse, não estaria a andar de braço dado com o milionário. Então, o milionário desejou ao suposto colega que fosse feliz nas suas empresas e o deixou em paz.

Bastou isso para que todos do comércio lhe oferecessem os seus préstimos e créditos. Uns ofereciam-lhe casas para ele comprar a crédito; outros negociantes, vendo a transação, faziam o mesmo, dando-lhe outras oportunidades e vantagens. Enfim, ele não sabia o que havia de fazer para sossegar o espírito diante de tantas propostas de negócios. Assim, ficou o pobre homem muito rico, só com o bafejo de que era um grande milionário.

Pela fábula que se acaba de contar, vê-se como o valor pessoal tem influência no êxito da vida, provocado quase na maioria das vezes pela importância ou valor da própria pessoa ou de pessoa sob cuja proteção aquela se encontra. Esse caminho de Odu nesse caso prediz que pessoa que sente falta de recursos de todas as espécies na vida pode, de uma hora para outra, tornar-se próspera e que um auxílio momentâneo, mas decisivo, pode acontecer, quando se obedecem as determinações e regras preceituadas na matéria indicada.

6º Icá

Ebó: tudo o que é indispensável ao assunto.

Vale notar que o Odu Icá tem a especial qualidade de ser a máxima preferida de todos os outros para despachar ebó. Por isso, dizem que, numa época ida, foi este Odu o único que fez o despacho designado, sendo, portanto, o ponto capital e, como tal, o último que se chama no final de todos os ebós (Icá ni kani Ebó).

* * *

Os Odus 15 e 16 nunca se estudam, pois são dispensáveis suas análises, não sendo eles considerados quando saem em quadro de mesa.

Resumo dos significados dos Odus segundo o Iorubá

Ocanrã - Movimento, barulho, alvoroço, visita estranha, negatividade, aceitação imediata, propriedade instantânea.

Ejiocô - Encontro de dois, casamento ou convivência conjugal, felicidade inesperada, sucesso de empresa.

Etaogundá - Desordem, favorecimento de zanga, paz vitoriosa, acusação, ascensão ao poder, elevação, desastre, produto por esforço próprio.

Irossum - Imaginação, choro, dificuldade na vida, peregrinação próxima, prevenção, cautela, brilhante futuro.

Oxé - Ofensa, trabalho, necessidade, miséria, luta oratória, início de empresa.

Obará - Recaída sobre a pessoa de sofrimento seu ou de parentes, roubo, traição, vaidade, prosperidade sem igual.

Odi - Dificuldades, caminhos fechados, aviso rápido, recompensa, bem-estar futuro de forma espantosa.

Ejionilê - Morte súbita, saúde com regozijo infalível, esquecimento de amizade, ajuntamento de corpos, gozo, proteção, simpatia.

Agenor Miranda Rocha

Ossá - Época difícil, fuga preventiva, tempo de análises, uso para empresa de guerra, abundância de tudo.

Ofum - Aperto financeiro, fim, prejuízo, dádiva, dar ou ter coisa, semeadura de virtude, posse de objetos valiosos, moléstia, gravidez.

Ouorim - Surpresa, ingratidão, vingança oculta, dificuldade de ter o que se deseja, achar-se tudo o que se quer por melo de muito esforço, satisfação com aquilo que se deseja ter.

Ejila-Xeborá - Vitória em todas as lutas, agonia e desassossego, mas sempre vencendo admiravelmente.

Ejiologbom - Lutas difíceis, astúcia, sagacidade e destreza para conseguir fortuna ou bem-estar.

Icá - Perversidade, desfrutar boa ocasião, ganho de mulher com o corpo, malfeitos, remorso, paz, fortuna e bem-estar fácil no fim de qualquer tempestade, vitória qualquer que seja o terreno.

***

Por estas horas (10h) encerrei estes preceitos de Odu com lembrança escrupulosamente particular.

Rio, 22-6-1928

Caminhos de Odu

	OS ORIXÁS NOS ODUS	
BÚZIOS	ODUS	ORIXÁS
1	Ocanrã	Exu
2	Ejiocô	Oxalufã, Ibejis, Obá, Logun-Edé
3	Etaogundá	Oxum, Yemanjá, Xangô
4	Irossum	Oxóssi, Iansã, Egum, e Yemanjá
5	Oxé	Oxum, Yemanjá, Ogum (e às vezes Omolu)
6	Obará	Xangô, Exu, Euá (e às vezes Ori)
7	Odi	Ogum e Oxaguiã
8	Ejionilê	Exu, Oxóssi, Obaluaiê, Ogum e Oxaguiã
9	Ossá	Yemanjá, Iansã, Xangô Aganju e Obalualê
10	Ofum	Oxalufã, Yemanjá, Xangô Agodô
11	Ouorim	Exu e Iansã
12	Ejilá-Xeborá	Xangô e Yemanjá
13	Ejiologbom	Nanã, Oxumarê, Ossãim e Ibejis
14	Icá	Exu, Ogum, e Iansã
15	Eguiloguibã	Despachar Egum
16	Orumilá	Encerrar o jogo

(*) Ossãim fala em todos os Odus.

PADÊ

Caminhos de Odu

O Padê

Realiza-se o Padê toda vez que se faz matança de bicho de quatro pés. Padê vem da palavra iorubá *Ipadé*, que significa encontro.

Padê é feito à tarde, em dia de matança grande, no barracão, tocado com atabaques, agogô e xequerê. As cantigas são puxadas por uma mulher da hierarquia. No centro do barracão, a Iyadagã mistura na cuia os ingredientes, que são levados para fora dançando pela Iyamorô. As iaôs acompanham o canto deitadas em posição de dobale. Só a Iyamorô sai do barracão.

Material

1 cuia

1 prato de passarinho de farinha de mandioca

1 prato de passarinho de azeite de dendê

1 garrafa (pequena) de aguardente

1 moringa com água

1 *acaçá*

São as seguintes saudações:

— A Exu Iná, para abrir e guardar a casa.

— Aos Faraegun, os eguns da casa, as origens do terreiro.

– Aos Êssa, que são os homens importantes que viajaram e trouxeram coisas para o culto.

– Aos Orixás que guardam a casa, de Exu, Ogum... até Oxalá Babá Ajalê.

– Às Iyá-Mi Oxorongá, as mães ancestrais.

– Aos "faladores", os Afofô, pessoas maledicentes, como quem diz: "Podem falar, que o Padê já está feito."

– Saudação aos responsáveis pelo Padê: Iyamorô, Iyamassê, Iyajimuda, Assogbá, Iyadagã etc.

– No final, canta-se para os estrangeiros, os Okalejô, os que não são do culto.

Cantigas

Saudação a Exu Iná. Na primeira cantiga, a cuia com farinha, água e azeite sal três vezes, sendo seu conteúdo depositado no pé de uma árvore, na entrada do terreiro, pelo lado de dentro.

Ina Ina mojubá ô

Ina Ina mojubá ô

Ina mojubá

Ina ko o wá gbá ayê

Ina Ina coabá

Ina ko o wá gbá ayê

Ina Ina coabá

Saudação aos Faraegun. Sai a cuia com água e aguardente três vezes.

Ojixê palê fun wá ô

Odará pa le sobá

Odará pa le sobá

Tata Palê fun a ô

Odará pa le sobá

Tata palê fun a ô

Baissá baissá

Alemassá

Baissá baissá

Alemassá

Baissa ema pa rokô

Emaparocô

Baissa ema pa rocô

Emaparocô

Baissá eni ki rokô

Eni kikorokô

Baissá eni ki rokô

Aos Essa do terreiro. Sai a garrafa com o restante da aguardente. A garrafa não retorna mais ao barracão.

Wa lê Onijá, Alê Babaô, aê ê ê

Wa lê Babale Babá já ô

Wa lê Onijá, Alê Babaô, aê ê ê

Wa lê Ôniijá

E Essa Arolê

Ina mi si mi gbá o ni ê ê

Babá Essá Keran

Bolomô mi simi gbá bodelê

Repetir a cantiga acima, substituindo o nome de Essa Arolê pelos dos outros Essa do terreiro.

Babá Essa olorô

Oni Essa keran

Arolê o Inhé Né

Onlê ê Onlê Essa Keran

Caminhos de Odu

Arolê Babá Essa diró Oniê Essa Keran

Arolê o Inhé Nhé

A ô bé bé

Otun Essa Obé

Babá Essa Komon

A ô bé bé

Otu Essa Obé

Orixás

Eguê a na nixo rolê

É fan fan rolê ô

Exu Agbô Aforoxê

É fan fan ro lo exa foroxê

Awá enl xórolô

É fan fan rolo Exu atoroxê

Exu Agbô olorô

É fan fanrolô ô

Exu atoroxê

A cantiga acima é repetida para cada orixá substituindo-se o nome de Exu.

Agenor Miranda Rocha

Saudação às Iá-Mi. Sai o acaçá, jogando-se água na rua.

Apa ki yeyê Xorongá

Apa ki yeyê Xorongá

Iyá mo klô ma ma pa mi

Iyá mo klô ma ma Xorô

Babajé lá paô bomlaô

Iyá Mi lagbá wá o

Yá MI Xorô

Lagbá ô yêyê

Saudação aos Afofô.

Ê ê a ê ê Oke ô

Olalá a kô un pá

A ioman Kewá fuô

Afofô lá padê ná

A ioman Kewá fuô

Saudações às pessoas de cargos que ajudaram no Padê.

Iyamorô dôdô

Iyamorô dôdô Iamorô

Caminhos de Odu

Ibi si ló bi wá

Iyamorô dôdô lamorô

Iyadagã

Iyabacê dôdô...

Apican dô dô...

Assogbá dô...

Ajimuda muda dô

Iyabá Igena

Ê Ajimuda muda dô

Iyabá Ijena

Ajimuda

Ajimuda sare wá

No final, canta-se para os estrangeiros, os que não são do culto, os de fora.

Okalejô

Okalejô

Okalejô sare wá

Agenor Miranda Rocha

Poemas do Oluô

CANTIGA PARA EMBALAR

No jardim erra uma sombra

— doce sombra de um sonhar —

enquanto na verde alfombra

sussurram vozes amigas,

eu desafio estas cantigas

para teu sono embalar:

— Dorme, dorme, filhinha,

é cedo para sonhar!

No céu, a lua minguante

é como um barco a vogar...

quem chora? Algum peito amante

que punge as dores antigas?

Eu desafio estas cantigas

para teu sono embalar:

Dorme, dorme, filhinha,

é cedo para sonhar!

Ela passava;

Caminhos de Odu

sorria

e eu via

em suas mãos delicadas,

um ramo de folhas orvalhadas

E a mim mesmo dizia:

haveria

fardo mais doce que flores?

E a vida continuava...

Um dia,

de novo via-a!

Trazia

nos braços uma criança:

formosa flor de esperança!

E me pus a pensar:

qual o mais doce fardo de levar:

— Flores que encantam pela confidência

ou uma filha — razão de uma existência?

(janeiro de 1998)

Agenor Miranda Rocha

Dedicatória

Pelo sagrado mor que vem de ti,

amor que eu amo como amor sagrado,

pelo ideal descoberto e realizado,

bendita seja a hora em que te vi.

Pelas benditas horas que vivi

no desejo de amor tão desejado;

pelas horas benditas ao teu lado,

bendita seja a hora em que nasci.

Pelo triunfo enorme, pelo encanto

que me trouxeste, é que eu bendigo tanto

a hora suave que te viu nascer...

Amor do meu amor! Amor tão forte,

que se um dia sentir a tua morte

será bendita a hora em que eu morrer.

O Pão

Era um pequeno pão branco, deixado

por descuido, talvez, numa soleira;

ou, talvez, algum gesto calculado

da mão que espalha o bem dessa maneira.

Passou um pobre velho. Ia arrimado

a um bordão. E tão grande era a canseira

que, exausto, foi cair junto à soleira,

onde jazia o pão abandonado...

Vendo-o, o pobre tomou-o;

E rápido em momentos devorou-o,

vencendo a fome com satisfação.

E o pão deixado ali, no esquecimento,

transformou-se na luz de um pensamento

e no perfume de uma gratidão.

(novembro de 1997)

Agenor Miranda Rocha

Mimh'alma

Minh'alma, qual mendiga de outras eras,

vive a vender o sonho que colheu

pela vida na flor da mocidade,

o fruto de ouro que amadureceu

neste outono de luz e de saudade.

Mas, quando alguém uma palavra boa,

um carinho lhe oferta na jornada;

quando encontra o calor do peito amigo;

e, por momentos, julga-se ao abrigo

do vendaval, da sombra, da emboscada,

Abre-se em luz, em rimas, em arpejos...,

Canta. E nesse cantar, se alguém espera,

sente leve rumor de doces beijos,

um frescor, sem igual de primavera...

Pois, no verso e no som, na luz de uma canção,

é que se pode ouvir a voz da gratidão!

(abril de 1997)

VENCI

Este fardo pesado de lembranças, motivo doce de tanta saudade;

este medo pueril de envelhecer, com tanta mágoa de não ter vivido;

este anseio incontído da ventura que nunca veio e foi tão esperada;

esse amor que jamais foi entendido, em troca deu-me tanto desespero;

esse mesmo desejo de ser grande para chegar, com êxito à conquista;

este apreço às vaidades, à mentira, quando a verdade era um ferrete em fogo;

tudo isso consegui vencer um dia!

E sabe Deus com que firmeza o digo!

Venci!

E agora sei o quanto é ditoso

quem reconhece que a felicidade

está no bem que espalha no caminho

e no riso que põe no lábio alheio.

Agenor Miranda Rocha

Finados

Não faço preces pelos meus mortos,

nem ponho flores nos seus sepulcros.

"Quanta heresia!" dirão os outros

de sonhos cheios, sentimentais...

Se as preces todas fossem ouvidas,

os meus seriam unos com o Sol!

Não haveria ninguém sofrendo;

as mães pediam sem descansar!

Não haveria guerras, tormentas,

males, intrigas, nem maldição

Templos abertos são como rezas

que vão e sobem até os céus.

Mas, só há dores, só há tristezas

nesta existência, na terra enfim!

Serão os ricos abençoados,

e os pobres, restos, sem uma luz?

Caminhos de Odu

Nascem perfeitos, defeituosos,

com pais amigos ou enjeitados...

Por que é que existe tal diferença

Se tudo é feito por um só Deus?

Nada! Este reino no qual vivemos,

não se parece com o Paraíso,

Reino divino, Mansão Sublime,

que o homem, um dia triste, perdeu.

E aqui vivemos, vamos em busca

desse caminho que transviamos.

Deus nos espera no Seu Reinado,

e cujo alcance é a Perfeição!

E ser perfeito é ir, pouco a pouco,

vencendo os vícios, colhendo o Bem,

que jaz no fundo do coração.

E isso é trabalho que se consegue,

unicamente, por se querer,

Agenor Miranda Rocha

dentro do peito, no próprio sangue,

fazendo nova Ressurreição!

Por isso, quando de amados

mortos uma lembrança, que é doce e boa;

uma saudade, que vale as flores

imarcescíveis do coração.

(novembro, 1997.)

Caminhos de Odu

SAUDADE

A alma a voejar lá pelo espaço,

Contendo um mundo inteiro num abraço

Fraternal.

E a mágoa no peito concentrada,

rio cadinho da dor resignada

E sem fé.

E o adeus sempiterno da esperança,

Desse alento ideal, tudo bonança...

Que mais é?

É tudo quanto bom nossa alma encerra

Dos deuses o maná por sobre a terra,

É o mel.

É tudo quanto amarga e martiriza

Tudo aquilo que o pranto suaviza

Doce fel.

É o céu estrelado dos amores,

A linguagem dulcíssima das flores,

É a luz.

Agenor Miranda Rocha

É o encanto dolente da poesia.

É o profundo soluço de Maria

Junto à cruz.

Quero o Teu Olhar

Quero o teu olhar bem junto a mim para que esta noite não tenha fim.

Quero o teu olhar no dia que nasce ou então na minha própria face.

Quero o teu olhar cantar em verso sem que o amar o tenha disperso.

Quero o teu olhar numa canção sentida dentro do coração.

Quero o teu olhar aberto em flor na primavera do nosso amor.

Agenor Miranda Rocha

Traços

Uma asa de borboleta... Uma lembrança

do brilho da amplidão, do infinito espaço;

vago traço

do louco doudejar de lindo inseto;

uma esperança

que ficou a bailar numa saudade...

Uma palavra boa... Uma lembrança

de alguém que nos falou em cativante,

rápido instante,

mas que ficou no ouvido e n'alma... Sempre!

Uma esperança

que não é sonho... É quase uma saudade!

Caminhos de Odu

Cantiga da Onda

Ah!

Pela vida

eu sou uma onda

que sobe e desce,

ora vai

ora vem.

Uma onda que rola

na areia e traz a sereia

para beijar a praia

na noite de Lua cheia.

Uma onda

que não sabe

se vai ou se vem e

nesse constante

vem e vai

vai e vem

é balanço nos braços do vento

Agenor Miranda Rocha

ora cantando

ora chorando

no seu constante

vai e vem.

Glossário

Acaçá – Pasta de farinha de arroz ou milho embrulhada em folha de bananeira.

Ajá – Cachorro.

Atarê – Pimenta-da-costa.

Babalaô – Sacerdote de Orumilá, adivinho.

Dobale – Cumprimento com o corpo prostrado no chão.

Ecuru – Comida feita de feijão-fradinho e mel de abelhas.

Efum – Espécie de giz branco usado para pintura corporal.

Egbé – Comunidade, grupo, associação.

Etu – Galinha-d'angola.

Igbim – Caracol, catassol.

Irofá – Ferramenta de Orumilá, espécie de martelo.

Mariô – Folha nova do dendezeiro, desfiada e usada como adorno e proteção.

Ojá – Lenço, pano.

Olossaim – Sacerdote de Ossaim, conhecedor dos mistérios das folhas sagradas.

Oluô – Olhador, sacerdote que joga búzios.

Opelé-Ifá – Instrumento de adivinhação do babalaô, na forma de um rosário feito de oito metades do coco de dendê.

Ori – Cabeça.

Ori – Manteiga vegetal africana.

Ossum – Pó mágico.

Padê – Cerimônia de louvação a Exu e antepassados realizada sempre que se sacrifica animal quadrúpede.

Obi – Noz-de-cola.

Orobô – Noz-de-cola amarga.